AF371923

aires de buenos tangos

Fotografías de
EDUARDO LONGONI

FOTOGRAFIAS Y SELECCION DE TANGOS:
Eduardo Longoni

DISEÑO:
Gustavo LoValvo
Javier Beresiarte

ISBN: 950-03-9255-0

Primera Edición: 2003

A mi viejo

Primero hay que saber sufrir,
después amar, después partir
y, al fin, andar sin pensamientos.

Preface

There is a perpetual sensitivity that links photographers to those
who dread having their intimacy invaded by the shot of a
treacherous camera. But something is usually overlooked: the
photographer also exposes his intimacy, his yearnings,
sometimes his poetry. He who knows Eduardo Longoni will not
fear and will not be betrayed. Even more: he may find elements
he had omitted or ignored. Longoni's essays on Ernesto Sabato
and Mario Benedetti are detailed dialogues between the
photographer and his subject.
The wish to create images based on the literature of tango
—and its music, of course— means that Longoni enjoys his
presence in Buenos Aires and captures with no interference the
images available to those the inhabitants of the city. But only an
artist can freeze them so that everybody —the indifferent, the
good and the sensitive— may enjoy them.

Hermenegildo Sábat

Prólogo

Una susceptibilidad repetida vincula a los fotógrafos con quienes sospechan ser sorprendidos en su intimidad por el disparo de una cámara traidora. Se subestima, entonces, una evidencia: el fotógrafo también desnuda su intimidad, sus anhelos, a veces su poesía.
Quien conozca a Eduardo Longoni ni temerá ni será traicionado. Aún más: descubrirá elementos que había omitido o ignorado.
Sus ensayos sobre Ernesto Sabato y Mario Benedetti son minuciosos diálogos entre retratado y retratador.
El deseo de generar imágenes apoyadas en la literatura del tango —y en su música, desde ya— indica que Longoni disfruta de su presencia en Buenos Aires y percibe sin caprichos imágenes que se ofrecen a todos los habitantes de la ciudad.
Pero sólo algún artista es capaz de detenerlas para que disfruten todos, los indiferentes, los solidarios y los susceptibles.

Hermenegildo Sábat

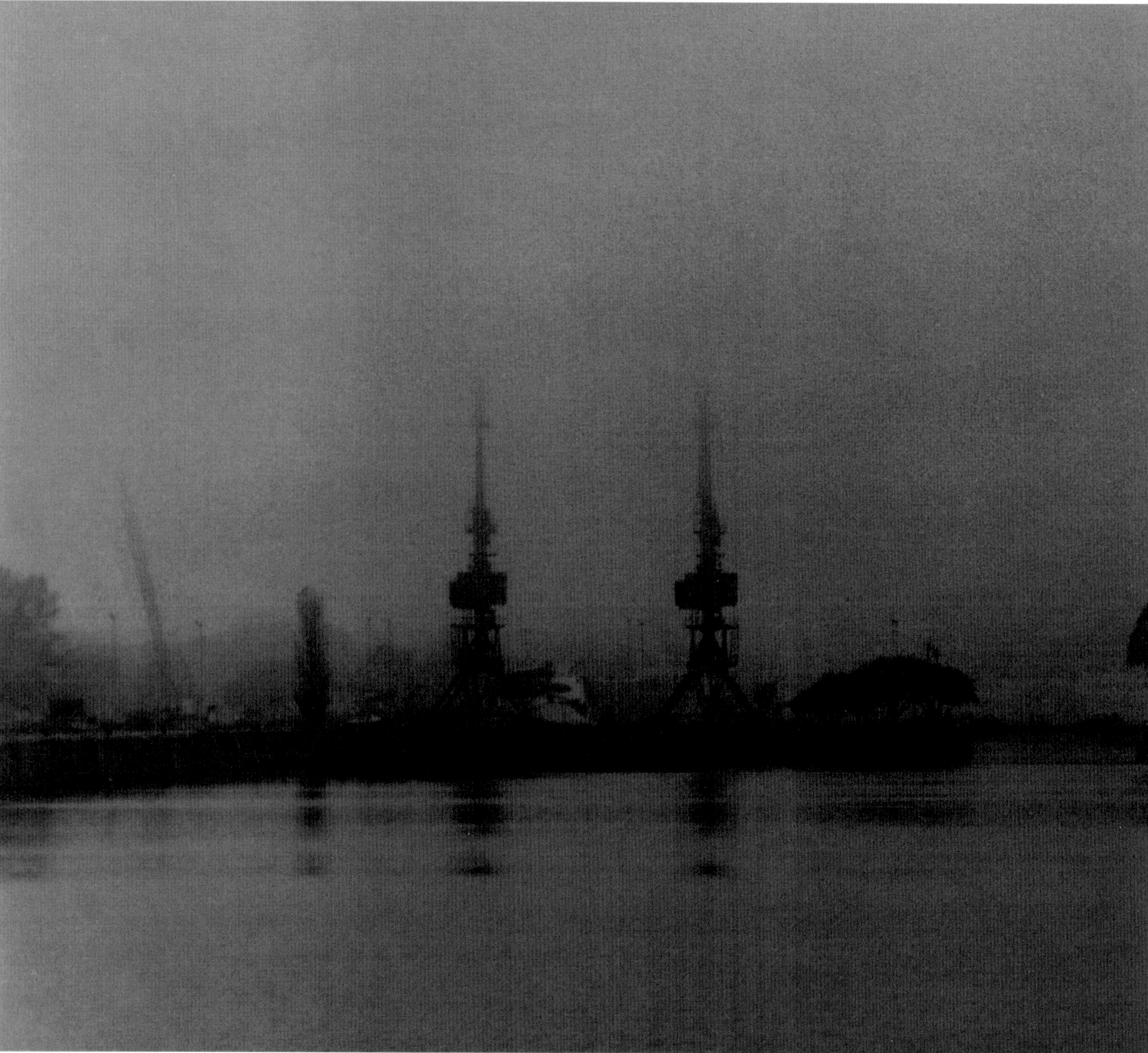

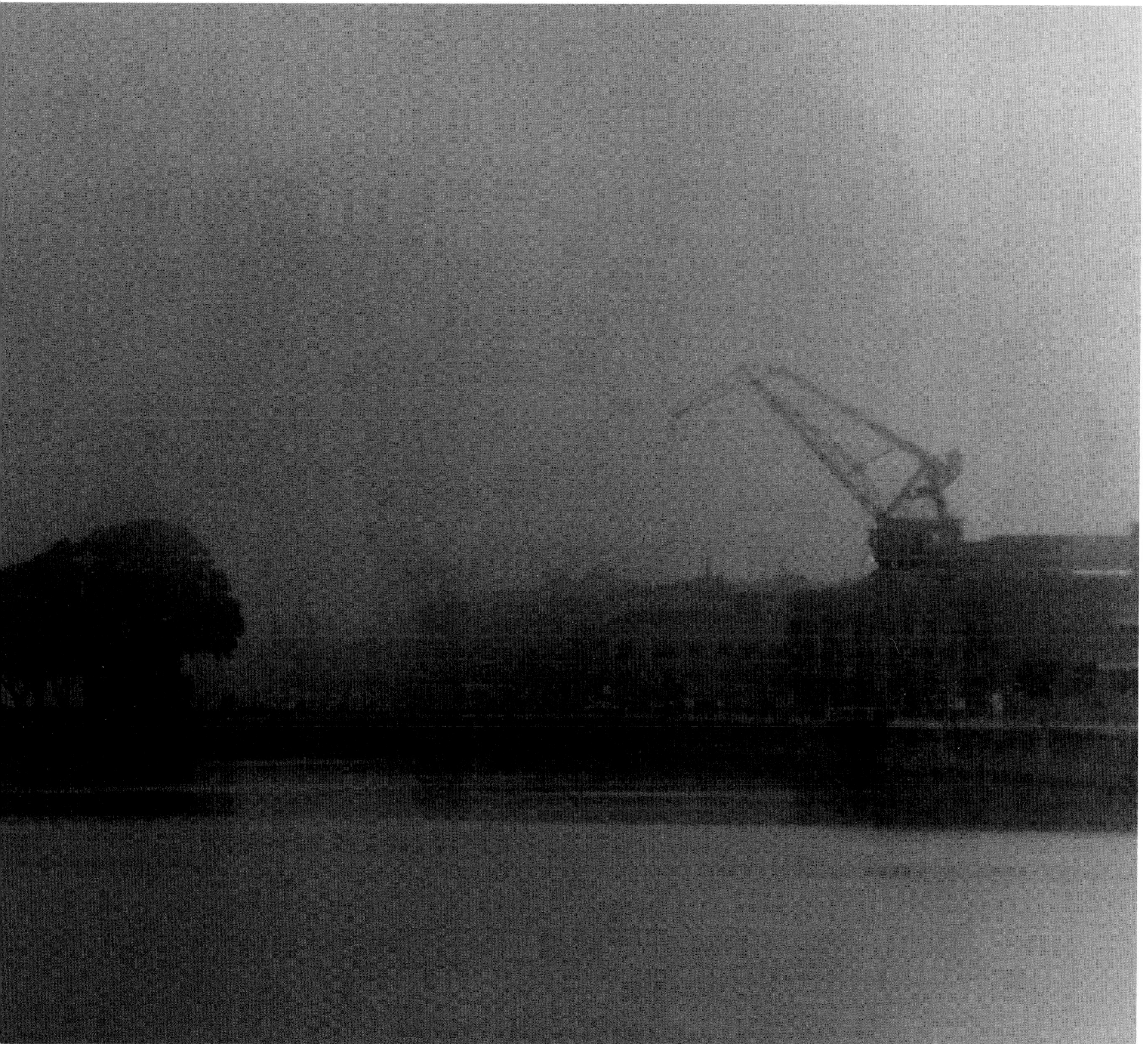

Sur, paredón y después...

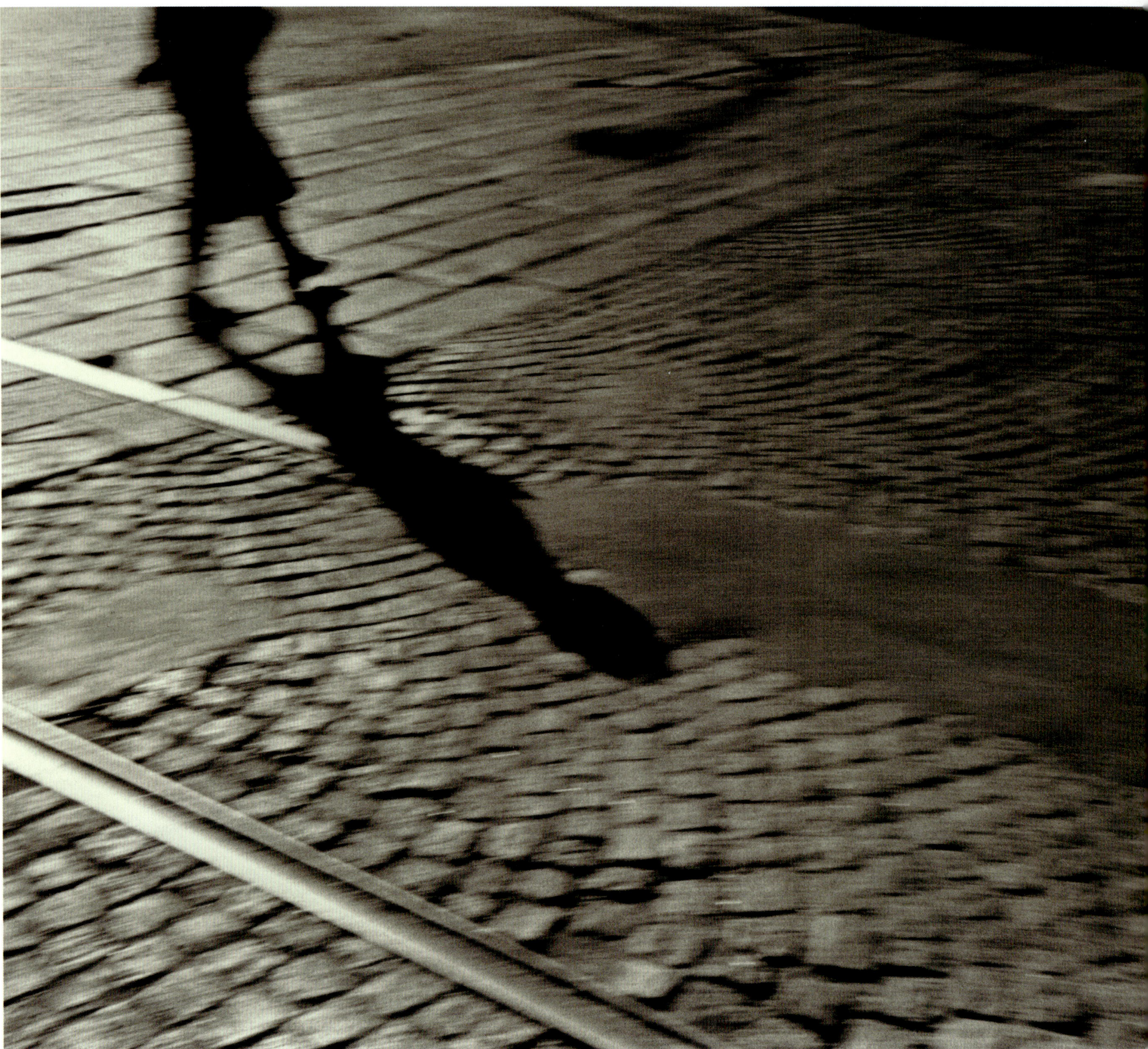

Sur

San Juan y Boedo antiguo, y todo el cielo…
Pompeya y más allá la inundación…
Tu melena de novia en el recuerdo
y tu nombre flotando en el adiós…
La esquina del herrero, barro y pampa;
tu casa, tu vereda y el zanjón,
y un perfume de yuyos y de alfalfa
que me llena de nuevo el corazón…

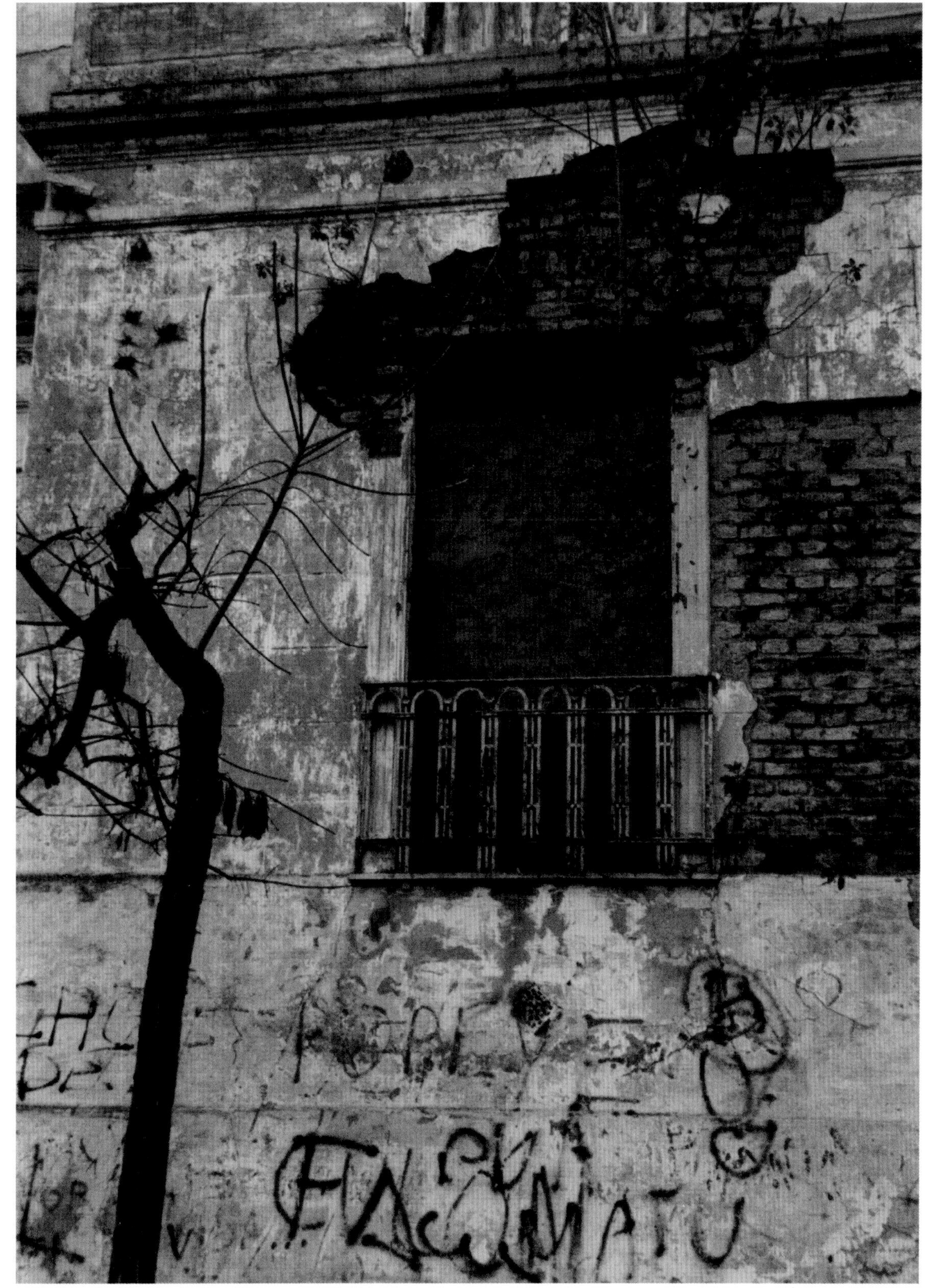

Sur,
paredón y después...
Sur,
una luz de almacén...
Ya nunca me verás como me vieras,
recostado en la vidriera,
esperándote...
Ya nunca alumbraré con las estrellas
nuestra marcha sin querellas
por las noches de Pompeya...
Las calles y la luna suburbana
y mi amor en tu ventana...
Todo ha muerto, ya lo sé...

San Juan y Boedo antiguo, cielo perdido...
Pompeya, y al llegar al terraplén,
tus veinte años temblando de cariño
bajo el beso que entonces te robé...
Nostalgia de las cosas que han pasado...
Arena que la vida se llevó...
Pesadumbre de barrios que han cambiado
y amargura del sueño que murió...

Letra: **Homero Manzi** Música: **Aníbal Troilo**

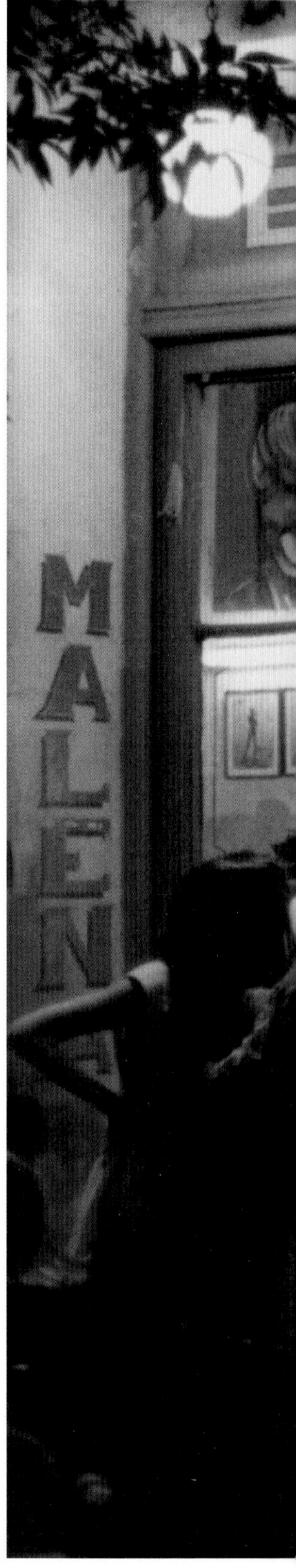

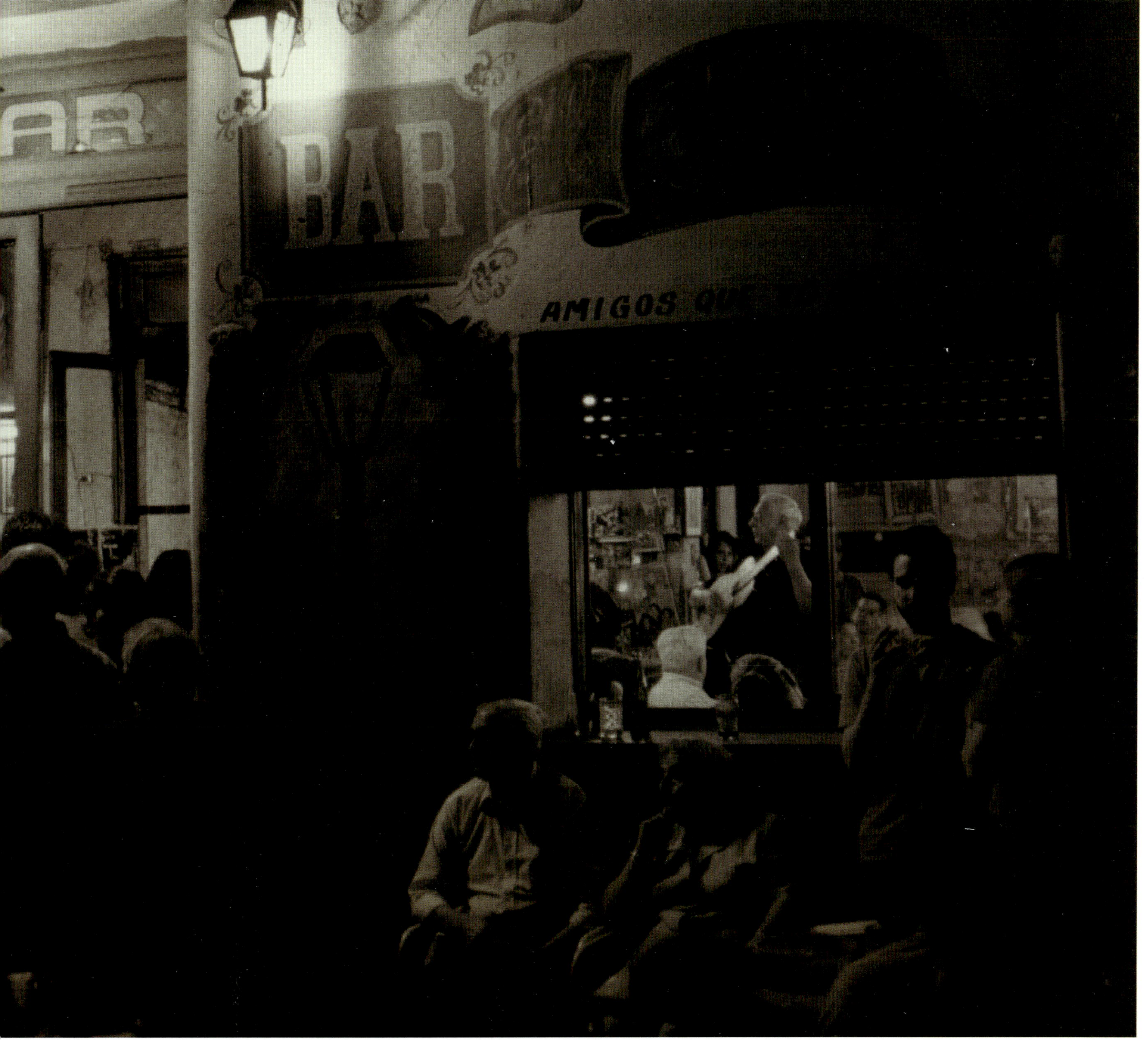
BAR
BAR
AMIGOS QUE

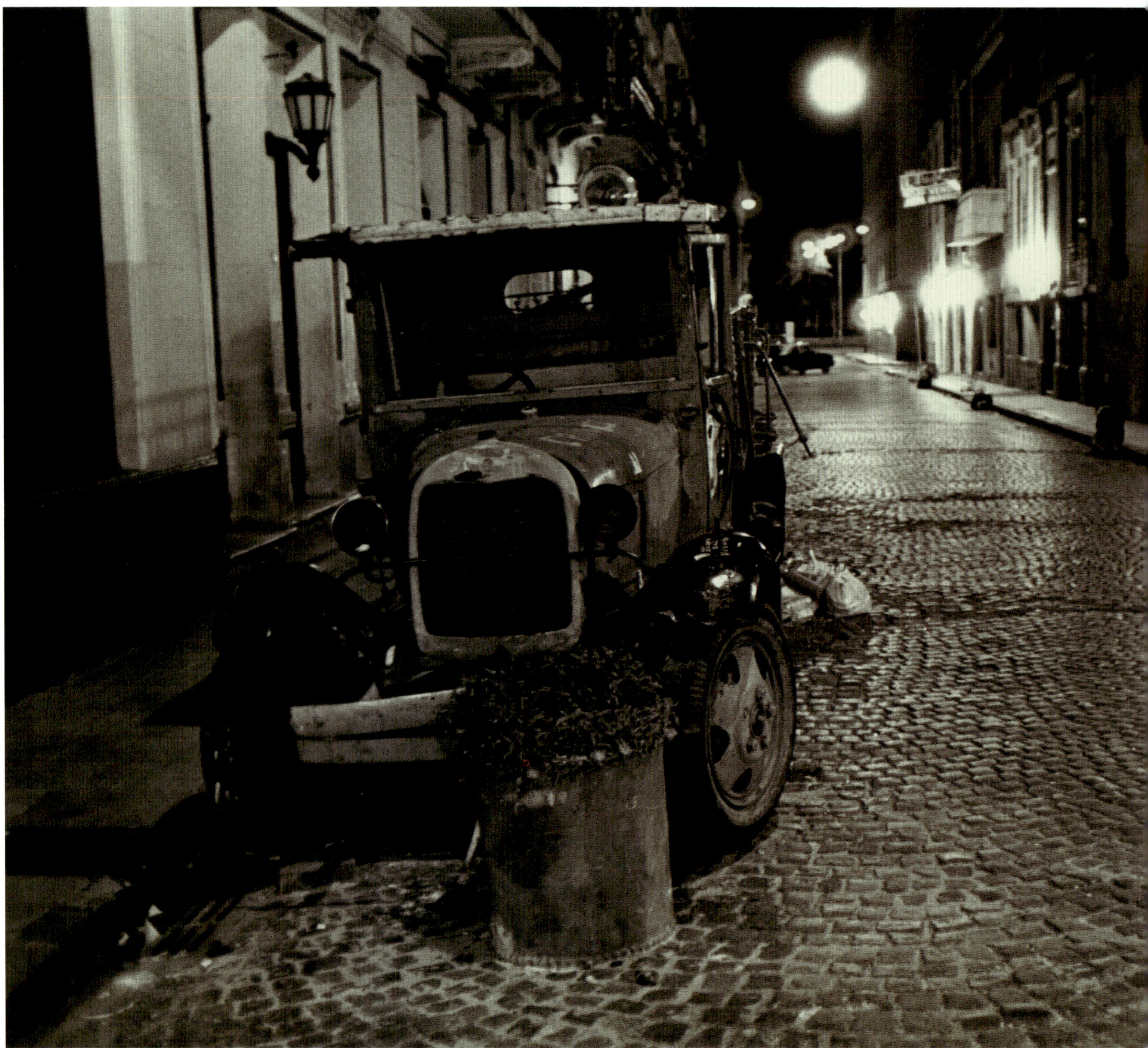

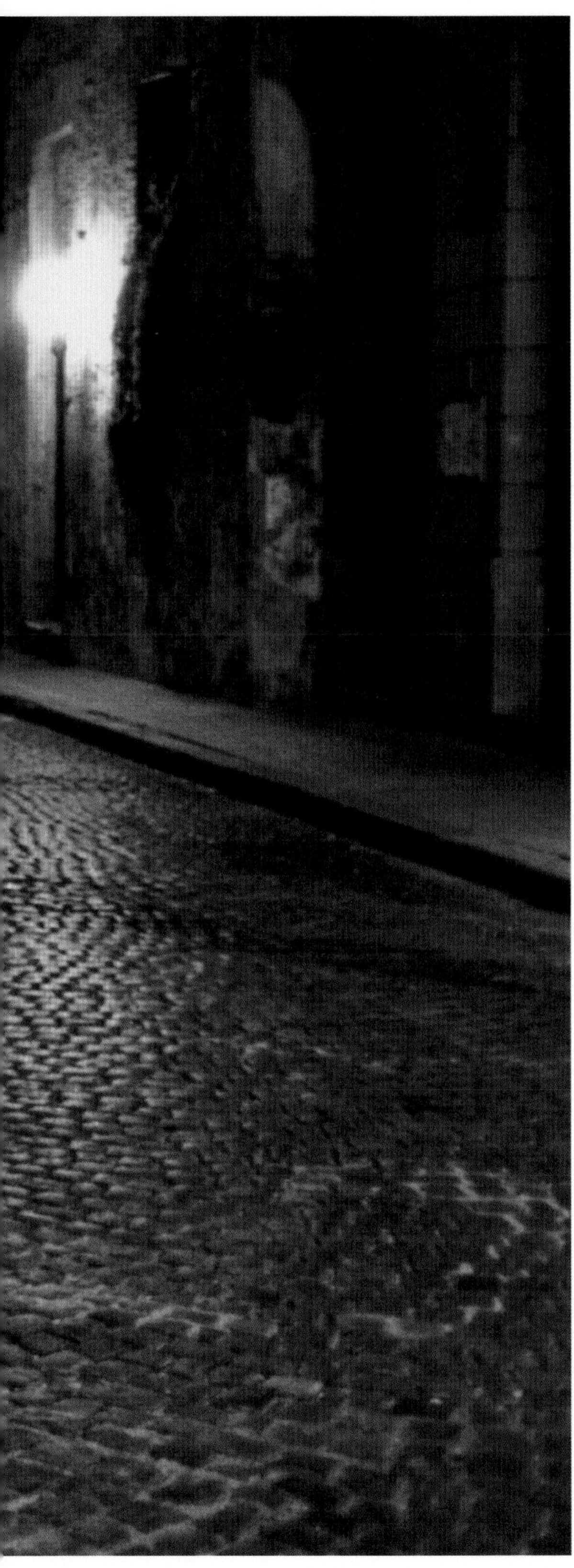

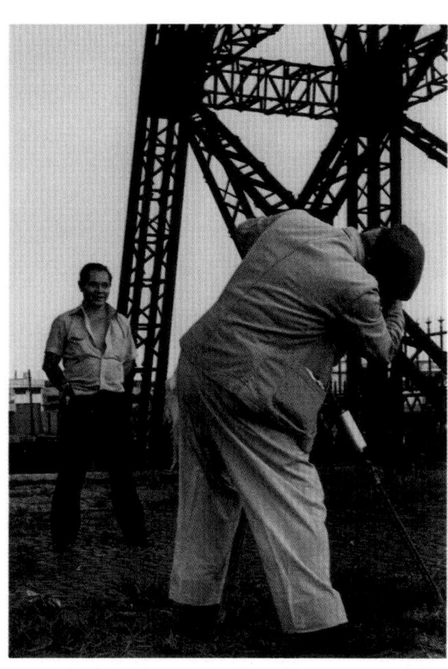

Barrio de tango

Barrio de tango, luna y misterio;
calles lejanas, ¿dónde andarán?

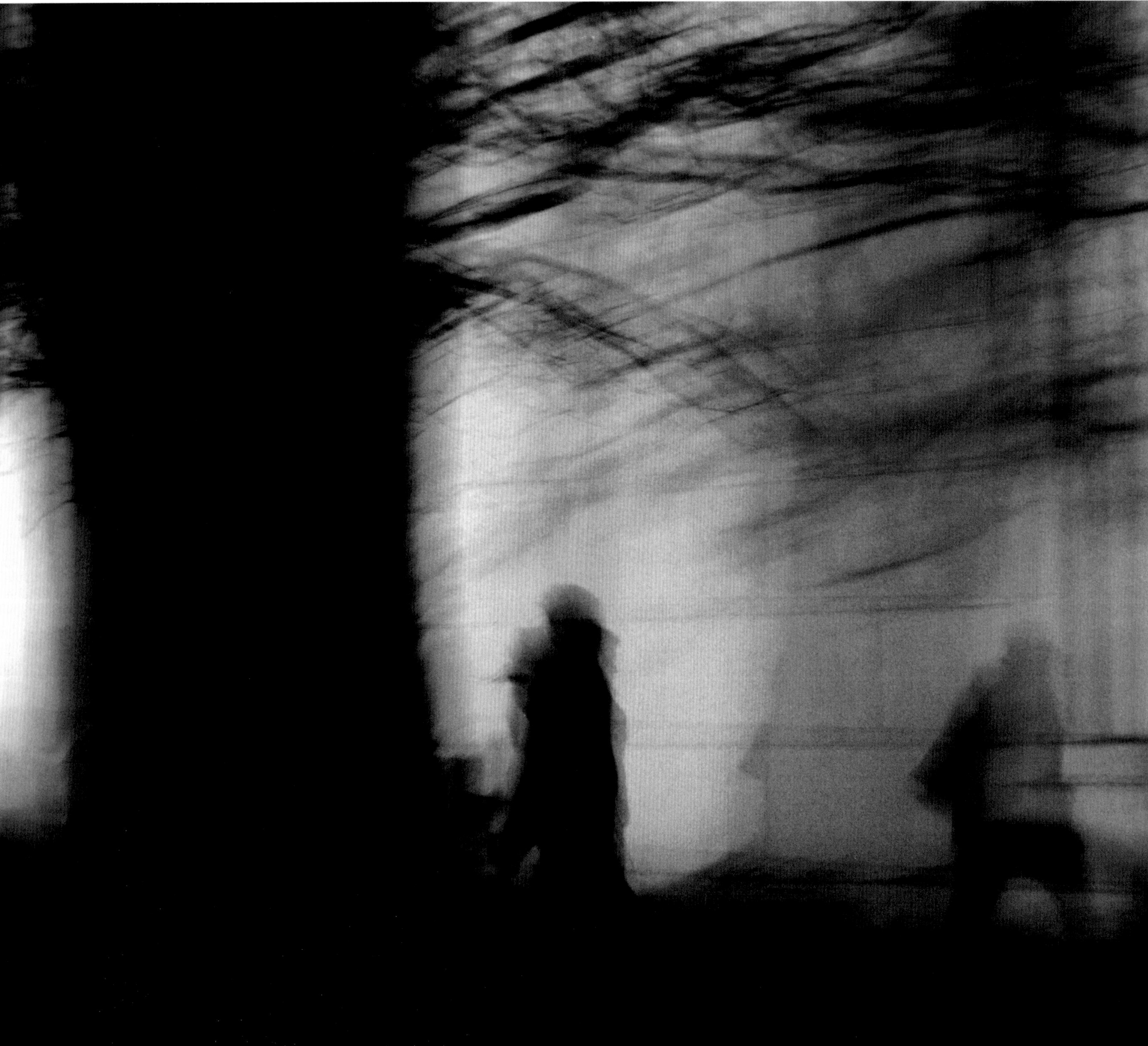

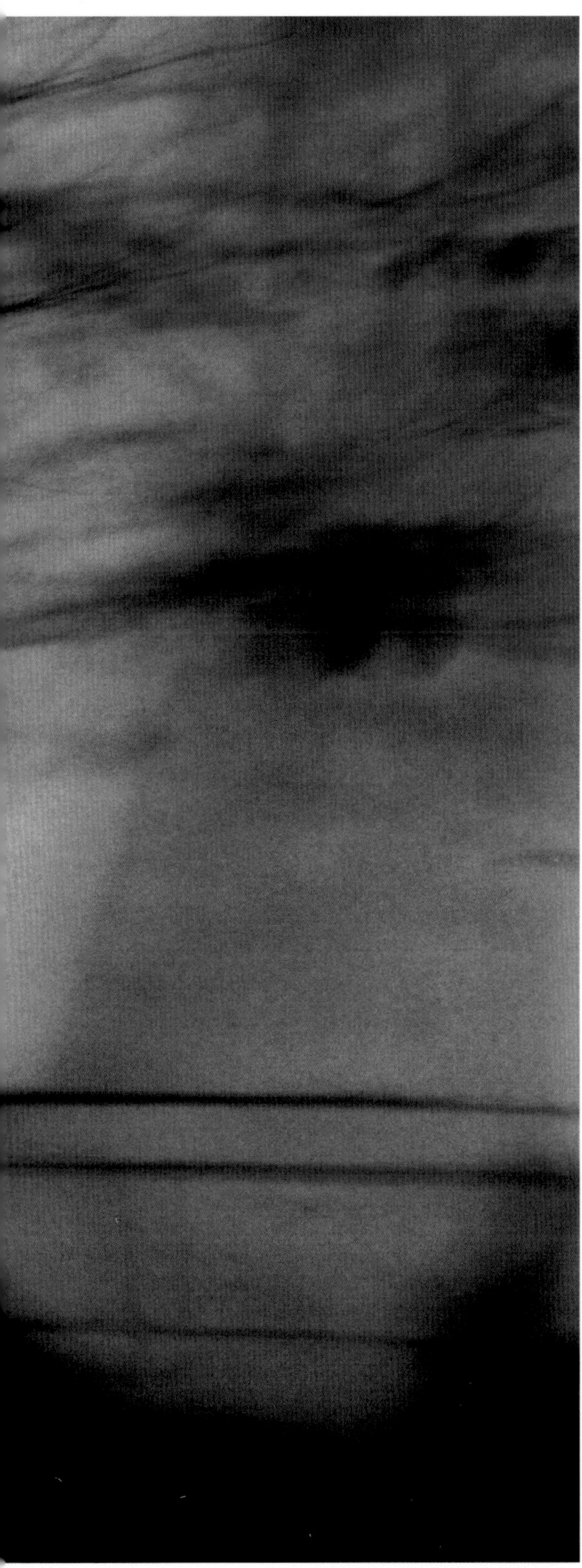

¡Barrio de tango, luna y misterio,
desde el recuerdo te vuelvo a ver!

(Fragmentos)
Letra: **Homero Manzi** Música: **Aníbal Troilo**

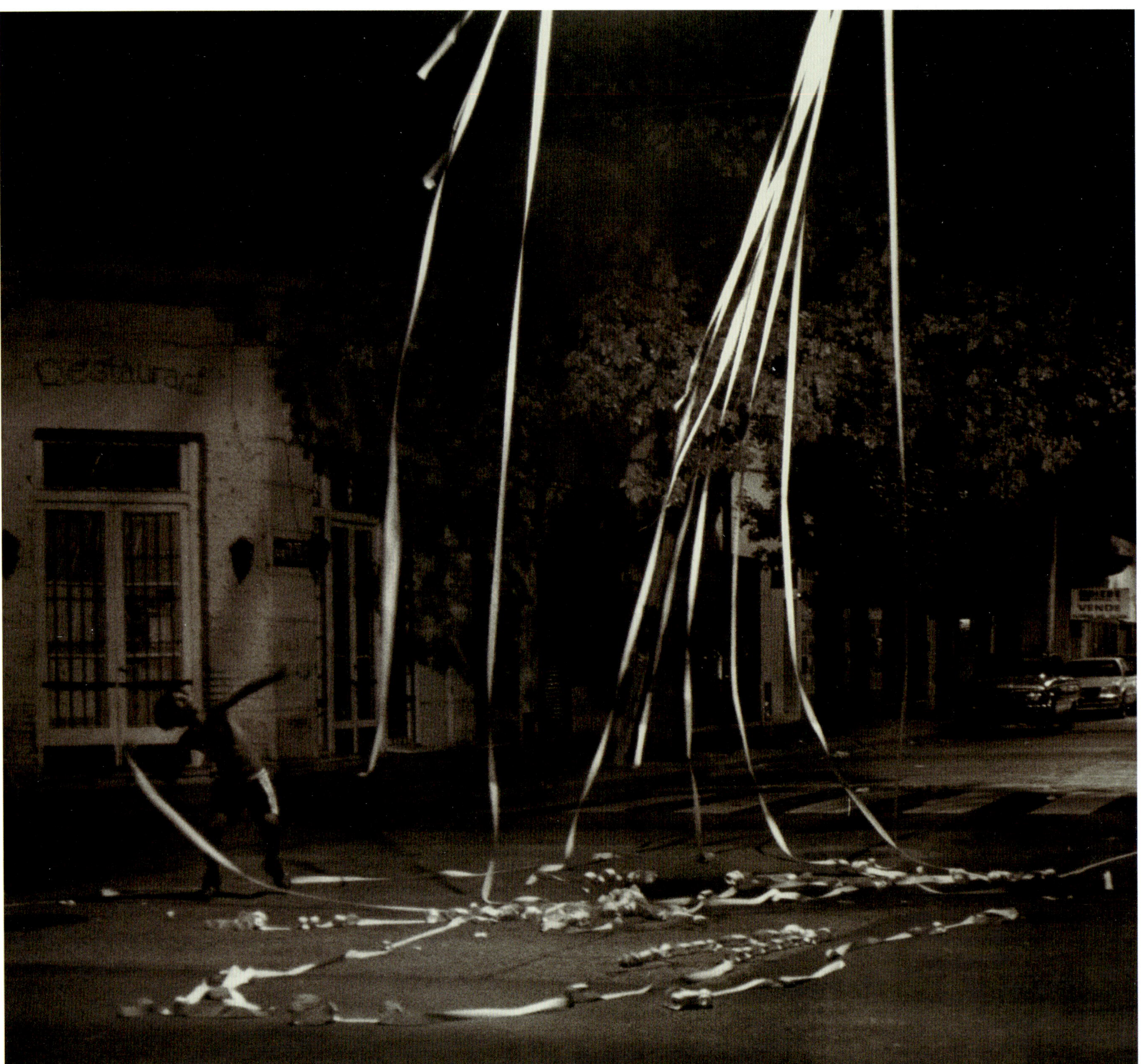

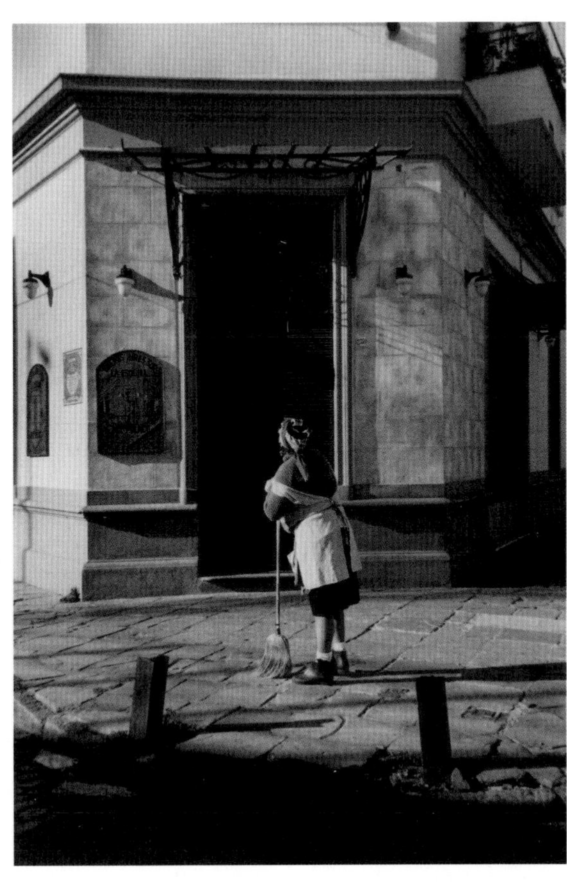

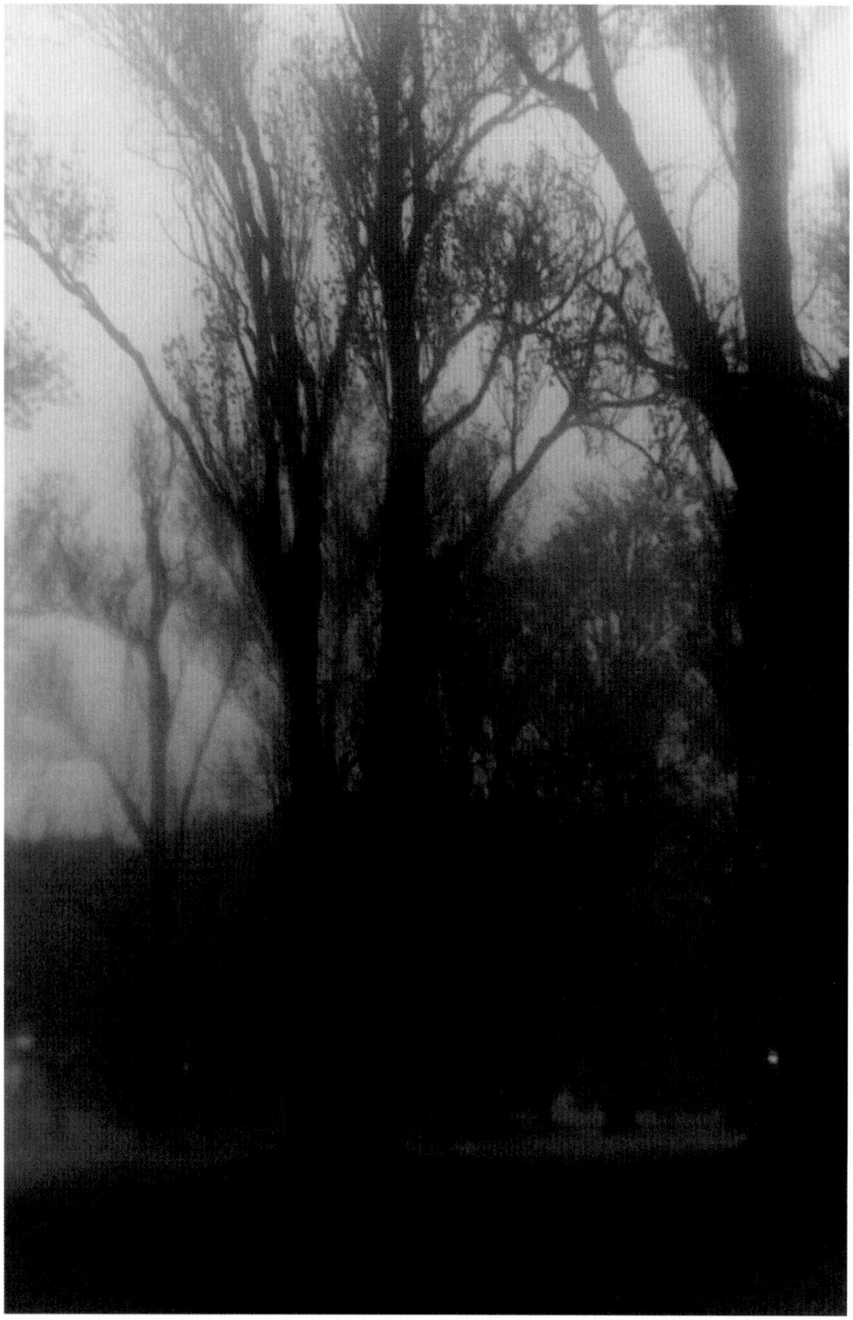

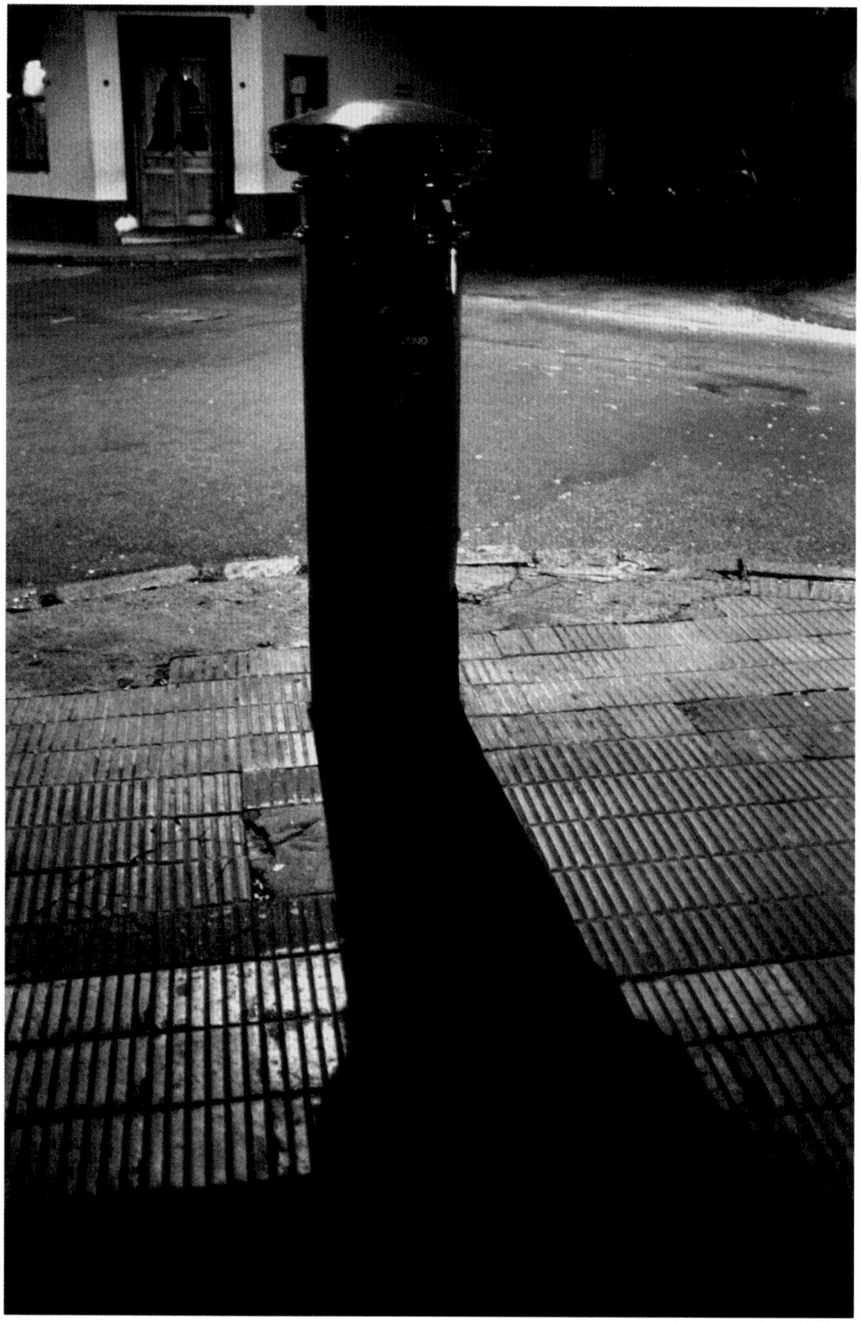

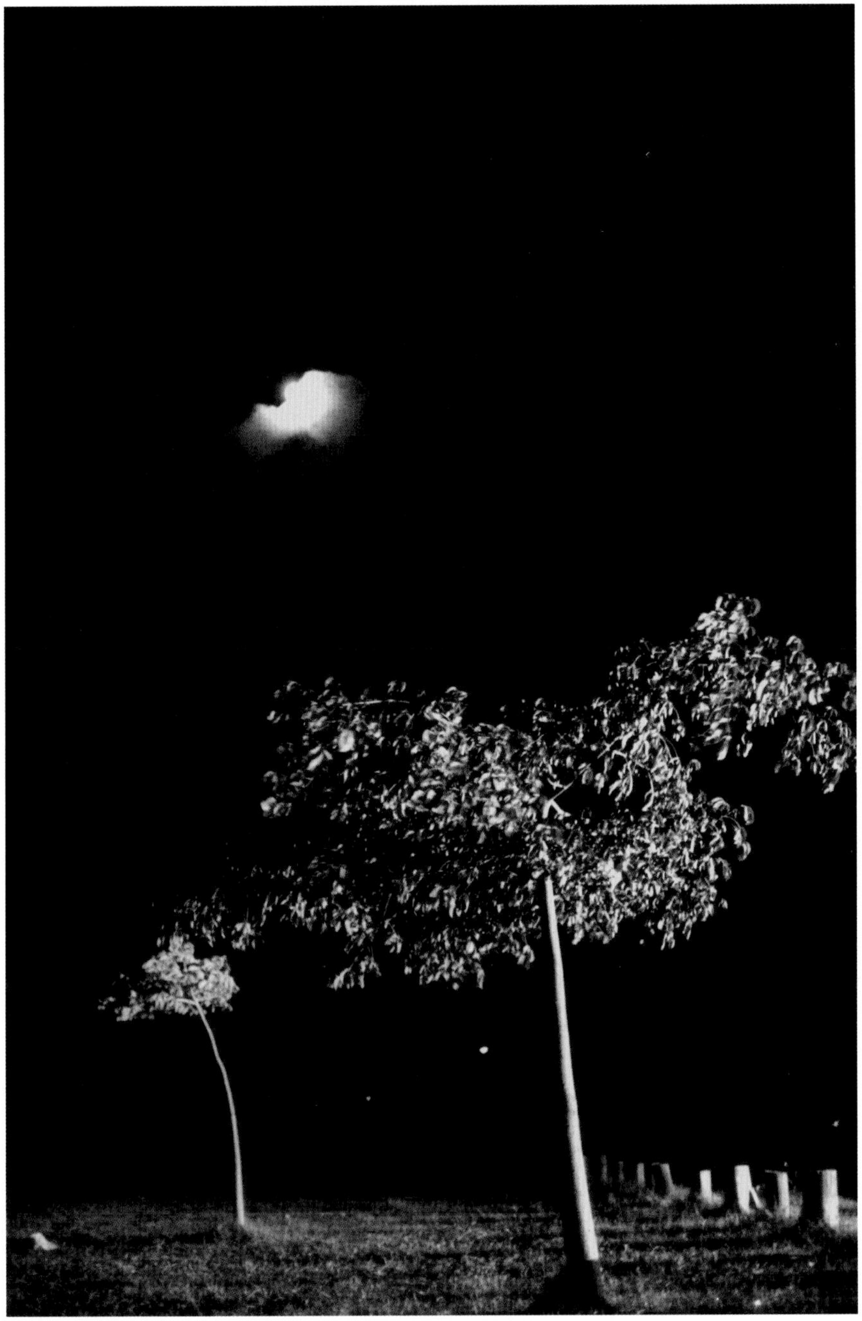

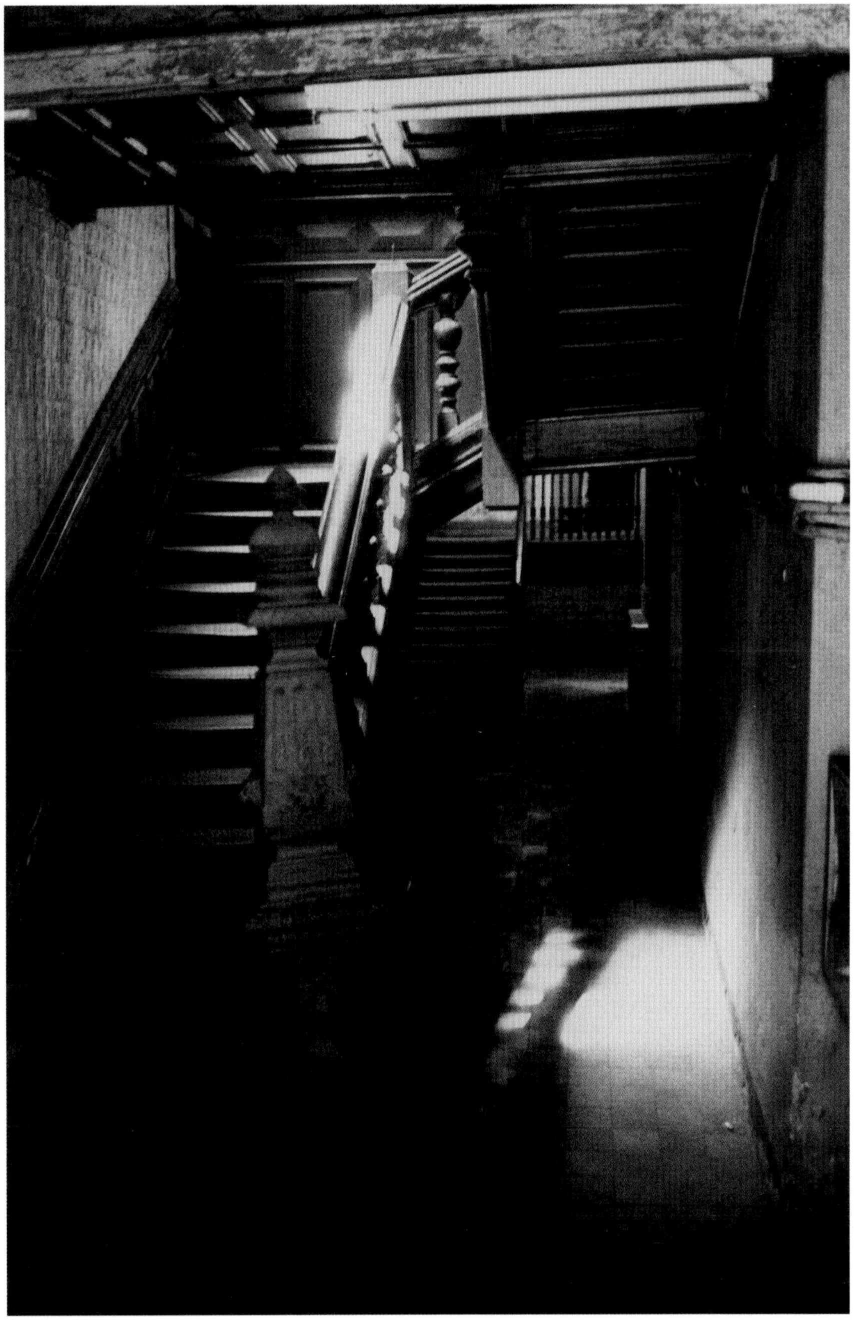

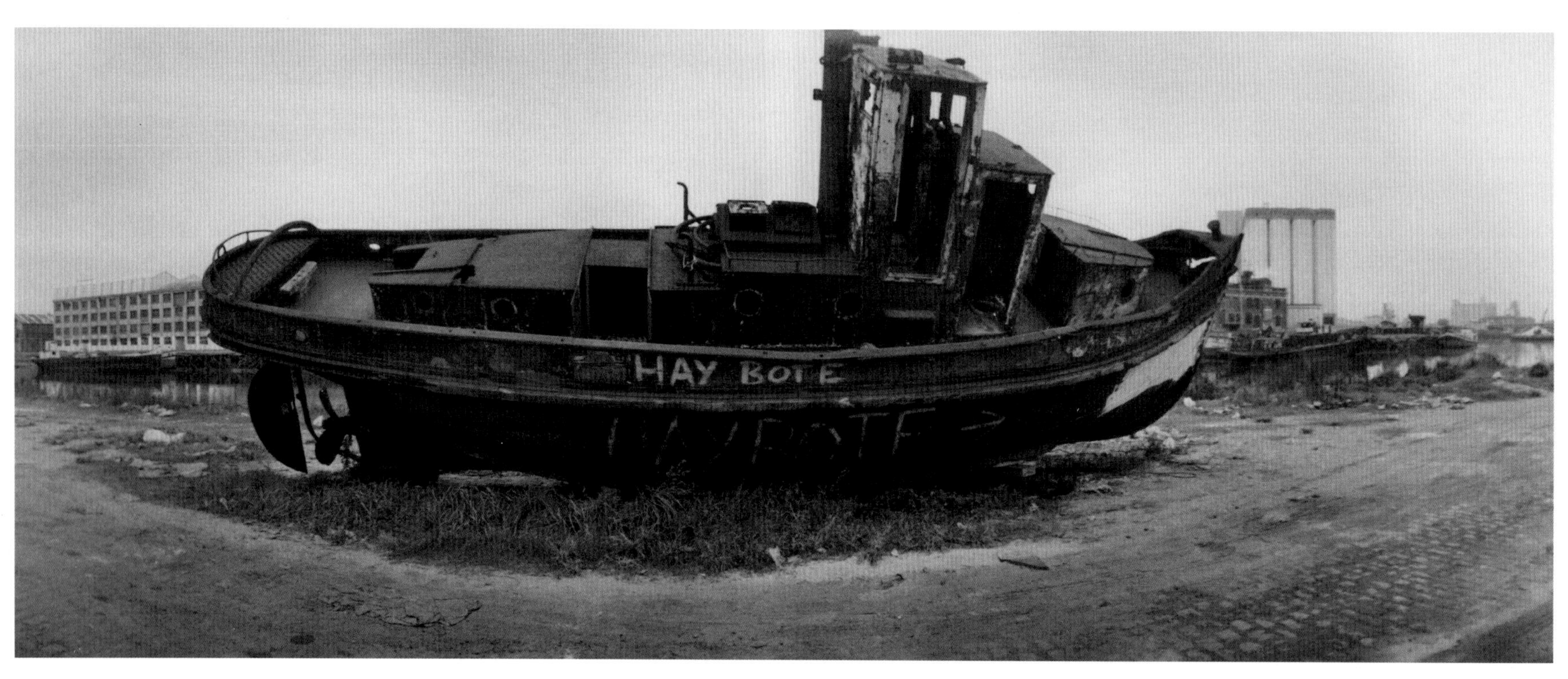
HAY BOTE

El corazón al sur

Nací en un barrio donde el lujo fue un albur
por eso tengo el corazón mirando al sur.
Mi viejo fue una abeja en la colmena,
las manos limpias, el alma buena…
Y en esa infancia la templanza me forjó,
después la vida mil caminos me tendió,
y supe del magnate y del tahúr
por eso tengo el corazón mirando al sur.

Mi barrio fue una planta de jazmín,
la sombra de mi vieja en el jardín
la dulce fiesta de las cosas más sencillas
y la paz en la gramilla de cara al sol…
Mi barrio fue mi gente que no está,
las cosas que ya nunca volverán,
si desde el día en que me fui
con la emoción y con la cruz,
¡yo sé que tengo el corazón mirando al sur!

La geografía de mi barrio llevo en mí,
será por eso que del todo no me fui:
la esquina, el almacén, el piberío,
los reconozco, son algo mío…
Ahora sé que la distancia no es real
y me descubro en ese punto cardinal,
volviendo a la niñez desde la luz,
teniendo siempre el corazón mirando al sur.

Letra y Música: **Eladia Blázquez**

Garúa

¡Qué noche llena de hastío y de frío!
El viento trae un extraño lamento.
Parece un pozo de sombras, la noche;
y yo en las sombras camino muy lento.
Mientras tanto la garúa
se acentúa con sus púas
en mi corazón…

En esta noche tan fría y tan mía,
pensando siempre en lo mismo me abismo;
y aunque quiera yo arrancarla,
desecharla
y olvidarla,
la recuerdo más…

Garúa…
Solo y triste por la acera
va este corazón transido
con tristeza de tapera…
Sintiendo tu hielo,
porque aquélla con su olvido
hoy le ha abierto una gotera…
Perdido
como un duende que en la sombra
más la busca y más la nombra…
Garúa…
Tristeza…
¡Hasta el cielo se ha puesto a llorar!

¡Qué noche llena de hastío y de frío!
No se ve a nadie cruzar por la esquina.
Sobre la calle, la hilera de focos
lustra el asfalto con luz mortecina.
Y yo voy como un descarte,
siempre solo,
siempre aparte,
recordándote…
Las gotas caen en el charco de mi alma;
hasta los huesos, calado y helado.
Y humillando este tormento
todavía pasa el viento
empujándome…

Letra: **Enrique Cadícamo** Música: **Aníbal Troilo**

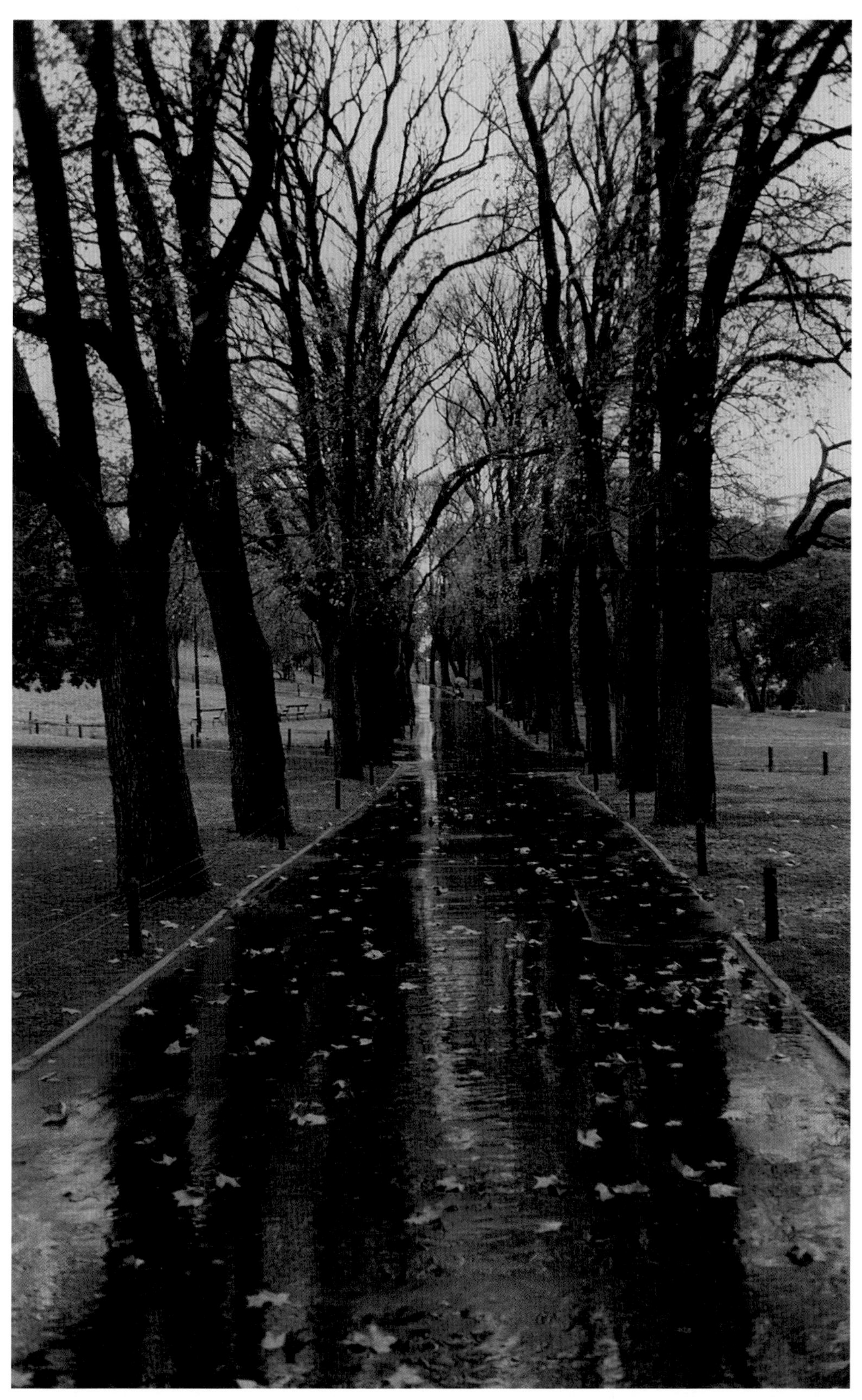

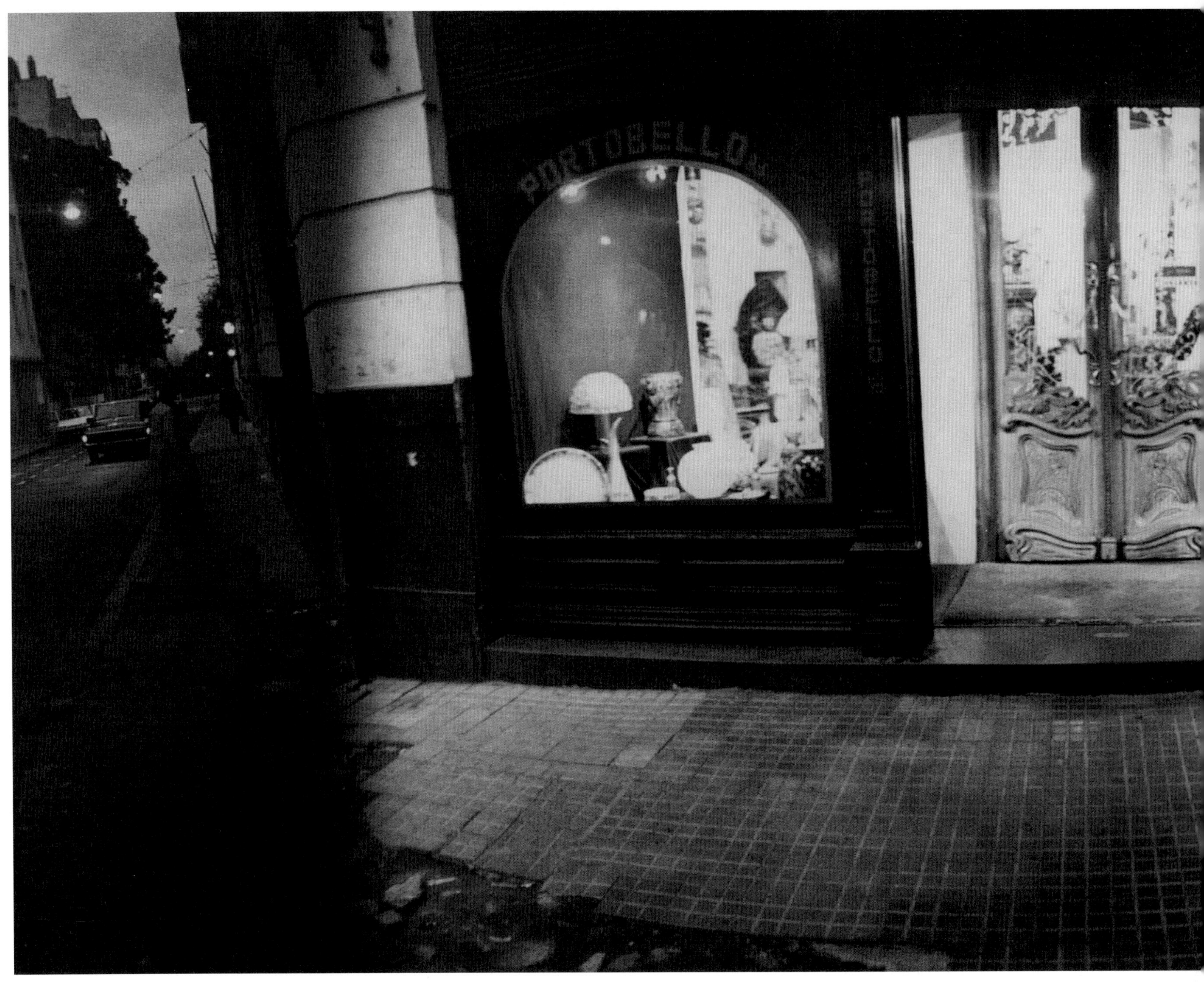
PORTOBELLO

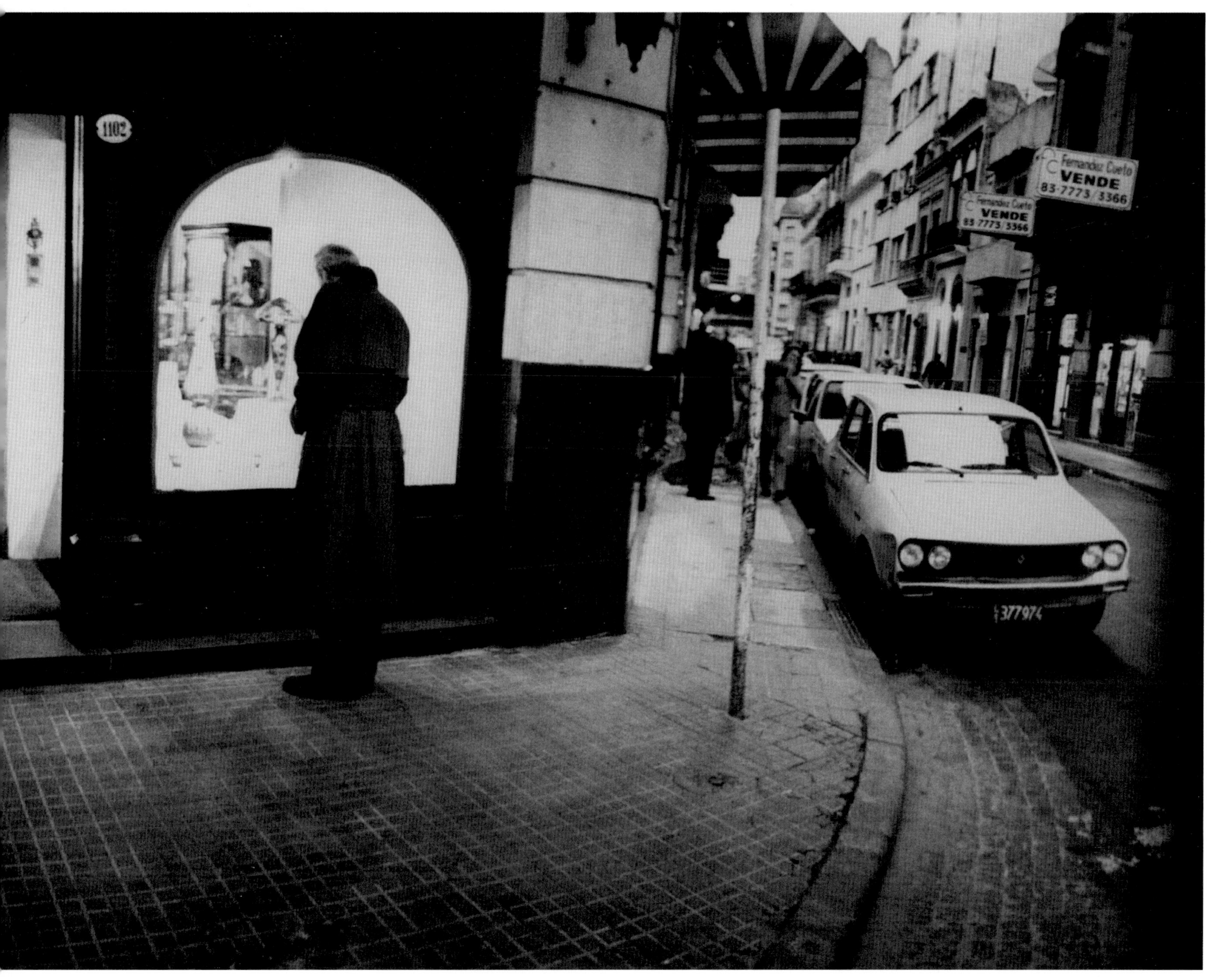
1102
Fernández Cueto
VENDE
83-7773/3366
Fernández Cueto
VENDE
83-7773/3366
377974

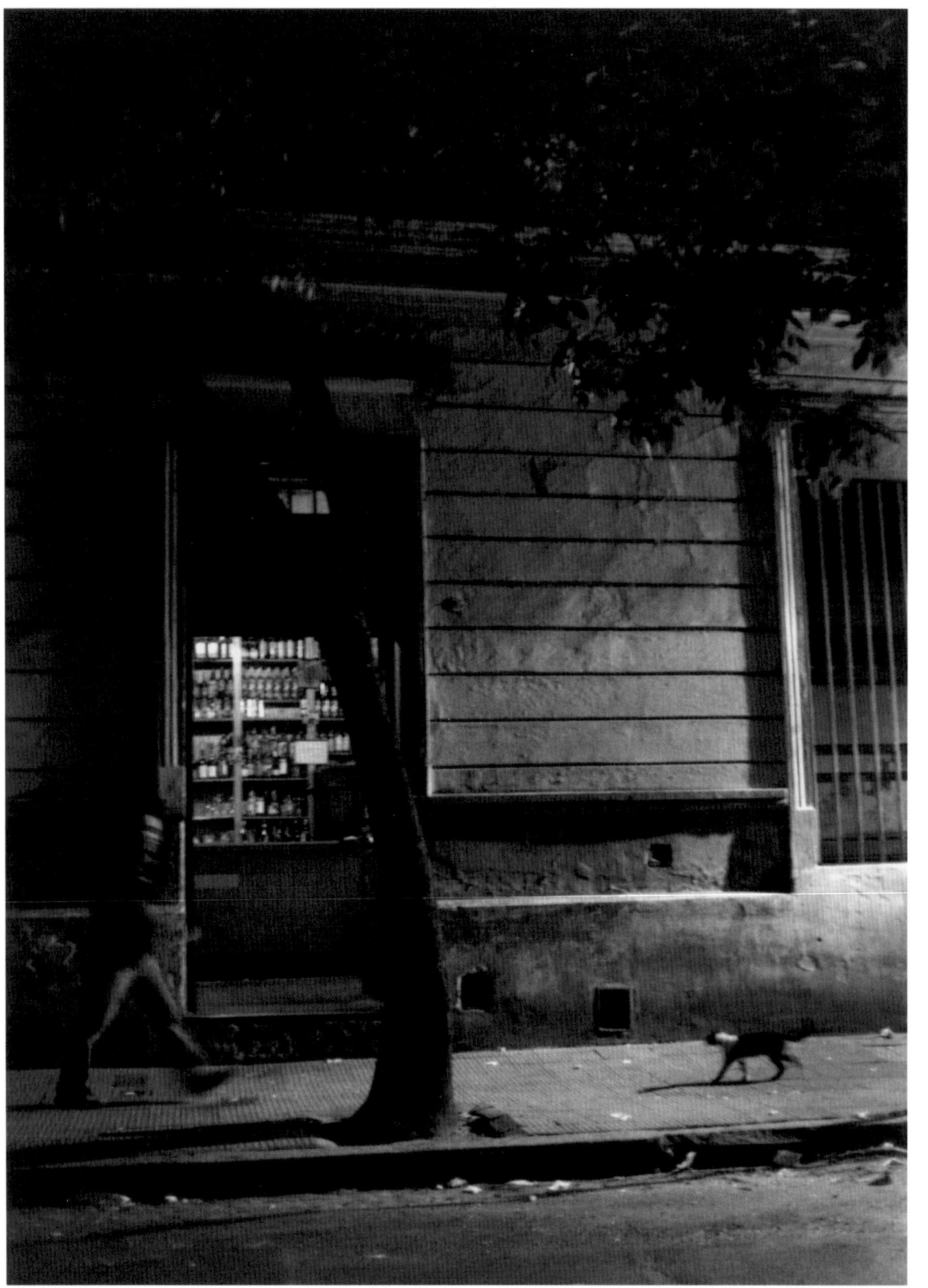

Melodía de arrabal

Barrio plateado por la luna,
rumores de milonga
es toda tu fortuna.
Hay un fueye que rezonga
en tu cortada mistonga,
mientras que una pebeta
linda como una flor
espera, coqueta,
bajo la quieta
luz de un farol.

¡Barrio...! ¡Barrio,
que tenés el alma inquieta
de un gorrión sentimental!
¡Penas...! ¡Ruego,
es todo el barrio malevo
melodía de arrabal!
¡Viejo barrio,
perdoná si al evocarte
se me pianta un lagrimón,
que al rodar en tu empedrao
es un beso prolongao
que te da mi corazón!

Cuna de tauras y cantores,
de broncas y entreveros,
de todos mis amores...
En tus muros, con mi acero,
yo grabé nombres que quiero:
Rosa, la Milonguita,
era rubia Margot,
y en la primer cita
la paica Rita
me dio su amor...

Letra: **Alfredo Le Pera y Mario Battistella Zoppi** Música: **Carlos Gardel**

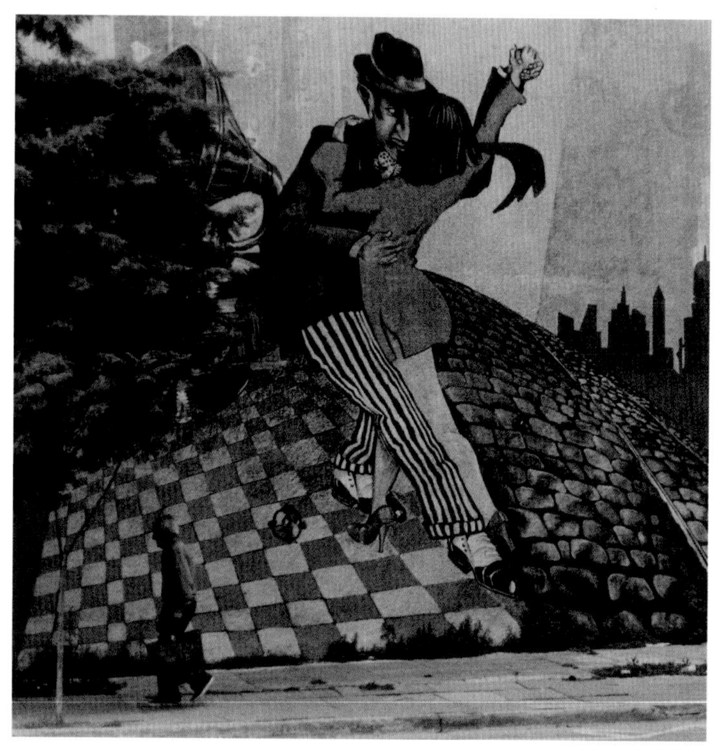

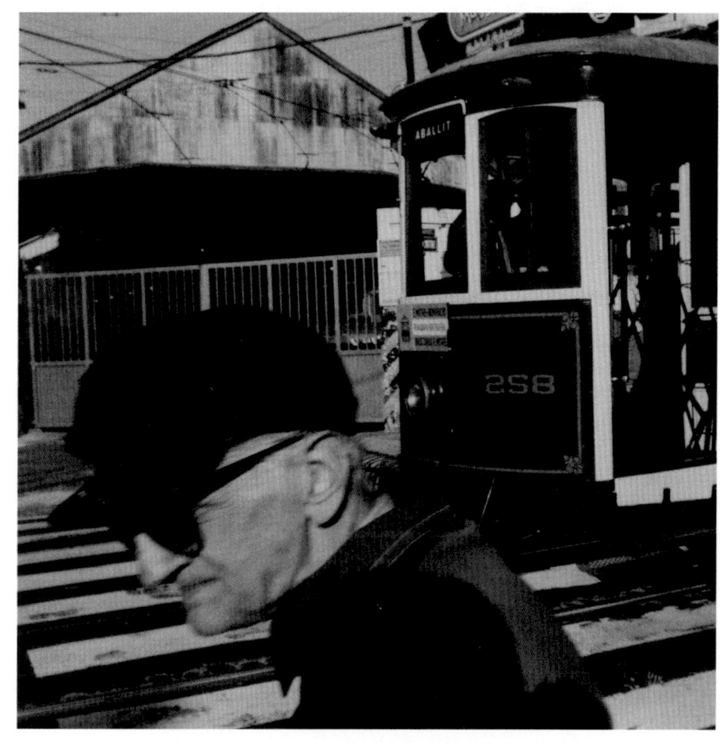

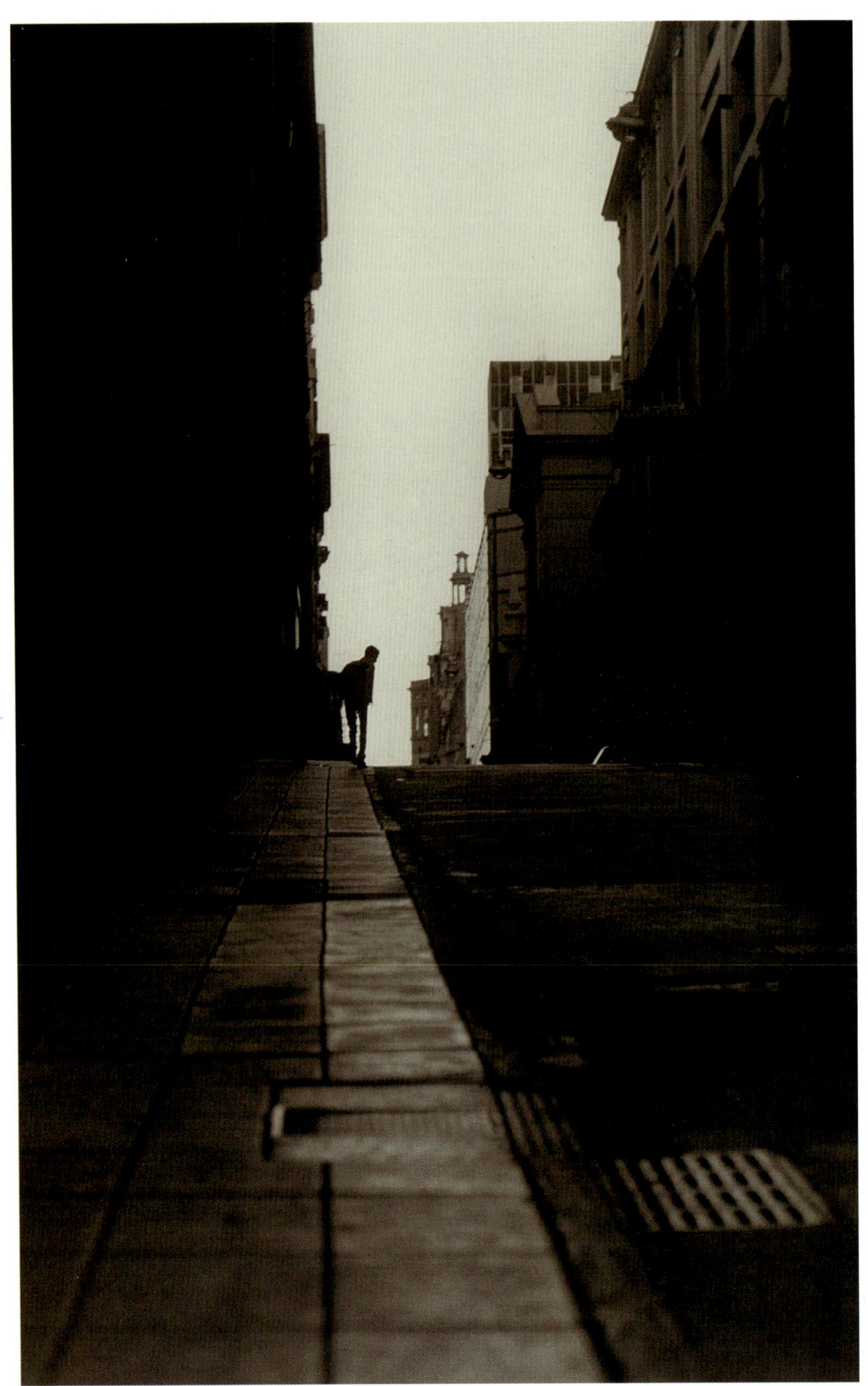

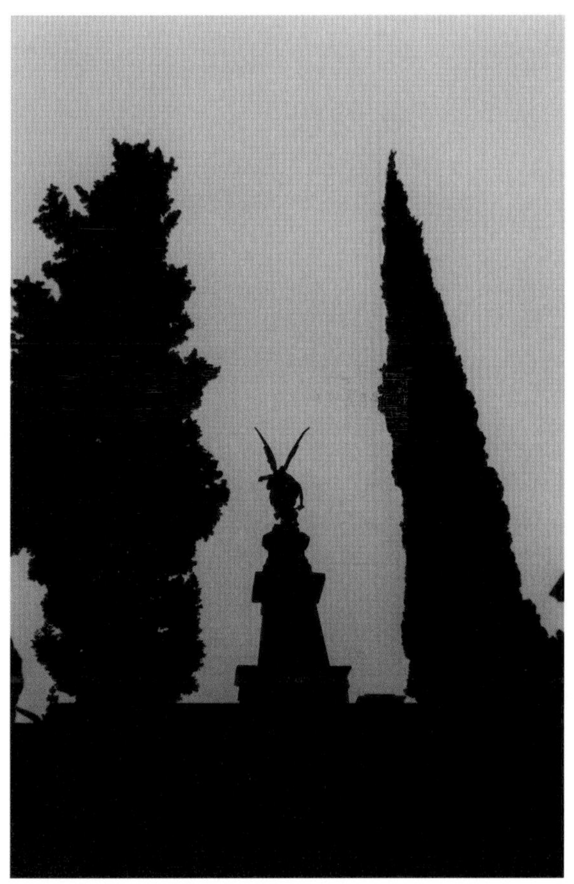

Promesas vanas de un amor

Naranjo en flor

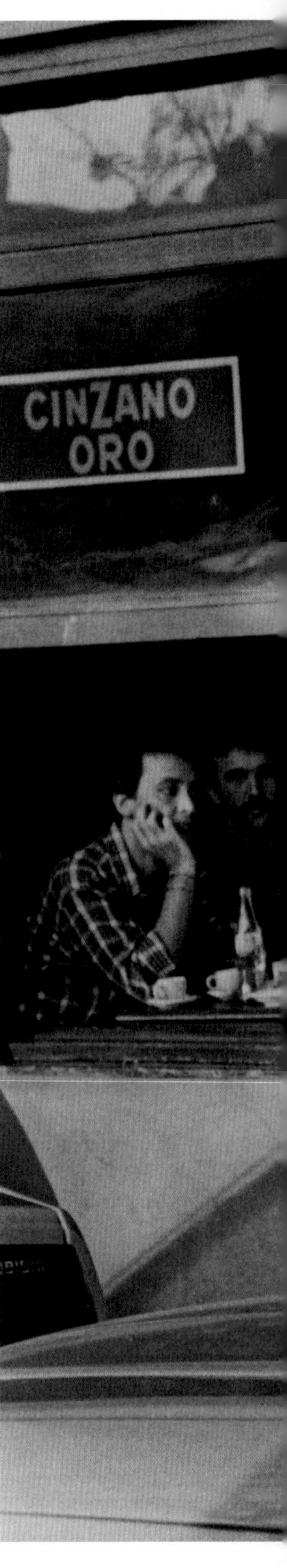

Era más blanda que el agua,
que el agua blanda.
Era más fresca que el río,
naranjo en flor.
Y en esa calle de estío,
calle perdida,
dejó un pedazo de vida
y se marchó.

Primero hay que saber sufrir,
después amar, después partir
y, al fin, andar sin pensamientos.
Perfume de naranjo en flor,
promesas vanas de un amor
que se escaparon con el viento.
Después, ¿qué importa del después?
Toda mi vida es el ayer
que me detiene en el pasado.
¡Eterna y vieja juventud,
que me ha dejado acobardado
como un pájaro sin luz!

¿Qué le habrán hecho mis manos?
¿Qué le habrán hecho
para dejarme en el pecho
tanto dolor?
Dolor de vieja arboleda,
canción de esquina
con un pedazo de vida,
naranjo en flor.

Letra: **Homero Expósito** Música: **Virgilio Expósito**

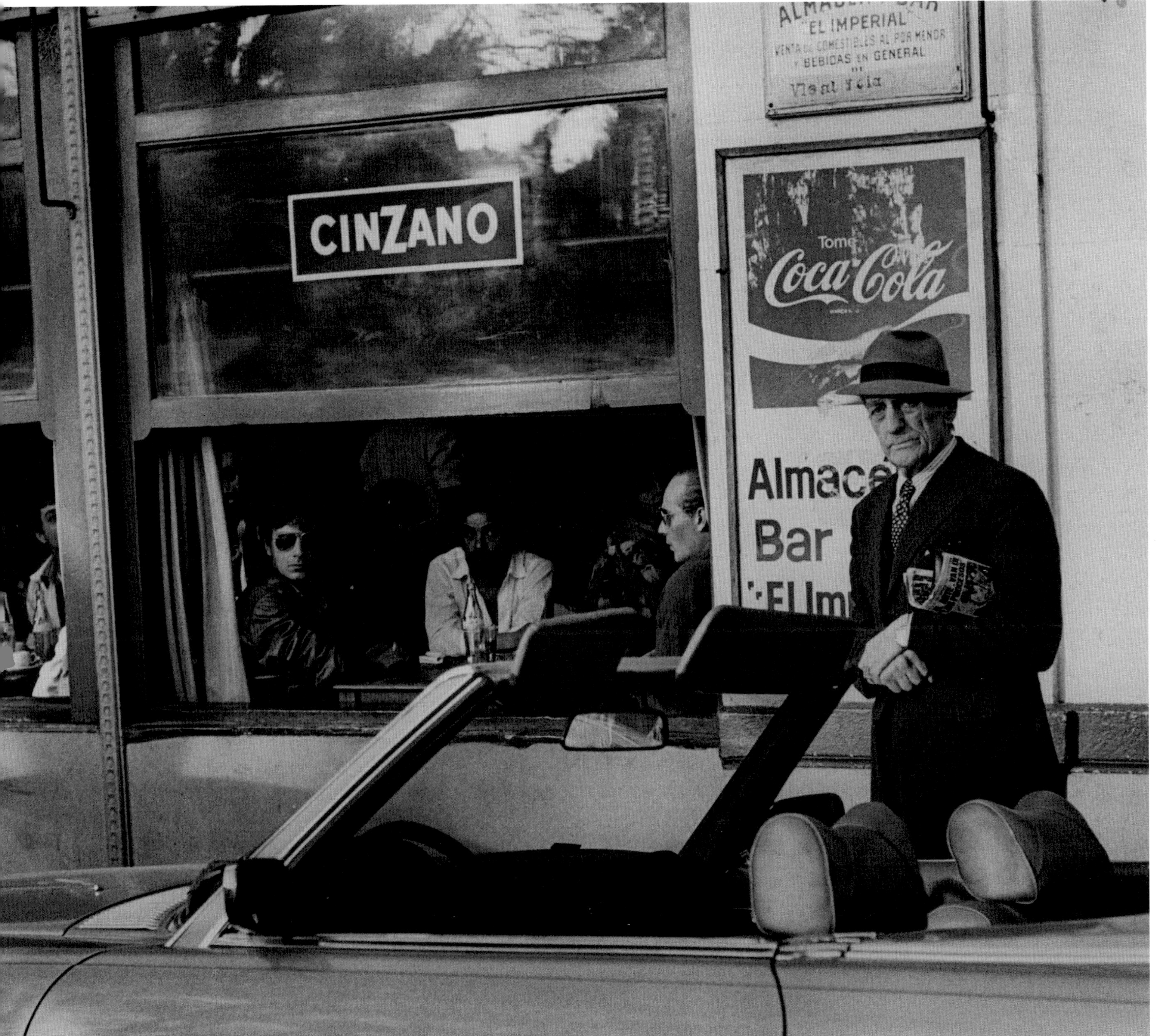
ALMACEN BAR
"EL IMPERIAL"
VENTA DE COMESTIBLES AL POR MENOR
Y BEBIDAS EN GENERAL
CINZANO
Tome
Coca-Cola
Almacén
Bar
"El Imp

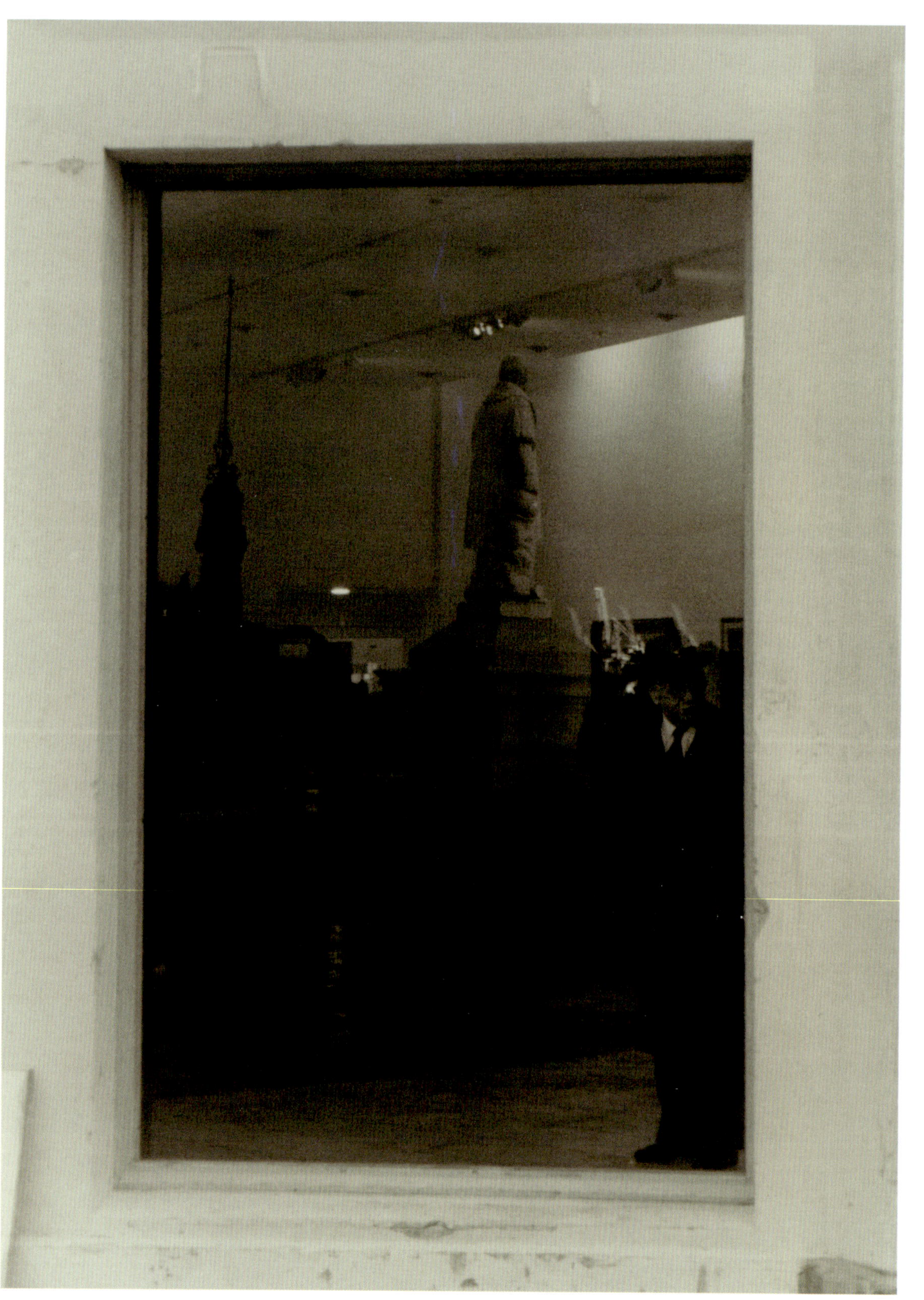

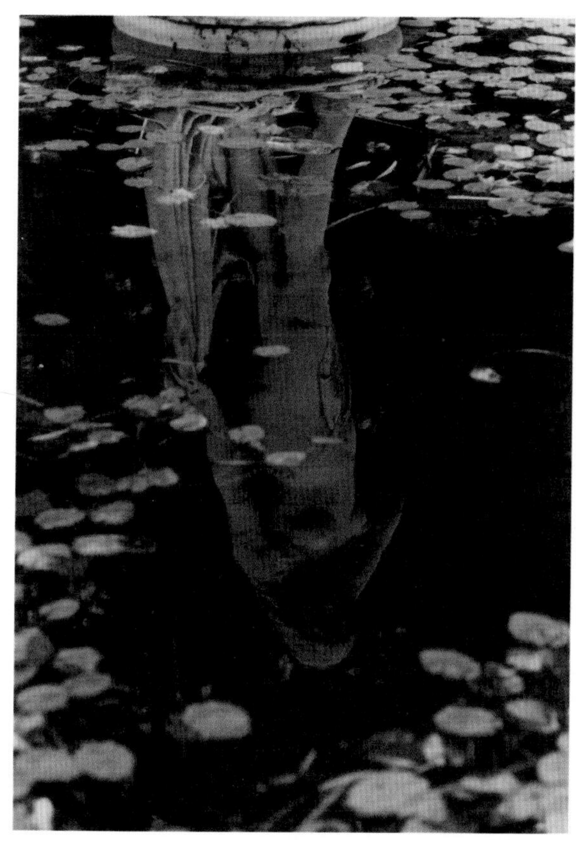

El Porteñito

Soy hijo de Buenos Aires,
por apodo "El Porteñito",
el criollo más compadrito
que en esta tierra nació.
Cuando un tango en la vigüela
rasguea algún compañero,
no hay nadie en el mundo entero
que baile mejor que yo.

No hay ninguno que me iguale
para enamorar mujeres,
puro hablar de pareceres,
puro filo y nada más...
Y al hacerle la encarada,
la fileo de cuerpo entero
asegurando el puchero
con el vento que dará.

Soy terror del malevaje
cuando en un baile me meto,
porque a ninguno respeto
de los que hay en la reunión;
y si alguno se retoba
queriendo meterse a guapo,
yo le encajo un castañazo
"y a buscar quién lo engendró..."

Cuando el vento ya escasea
le formo un cuento a mi china,
que es la paica más ladina
que pisó el Barrio del Sur;
y como caído del cielo
entra el níquel al bolsillo,
y al compás del organillo
bailo el tango a su salú...

Letra y música: **Angel Villoldo**

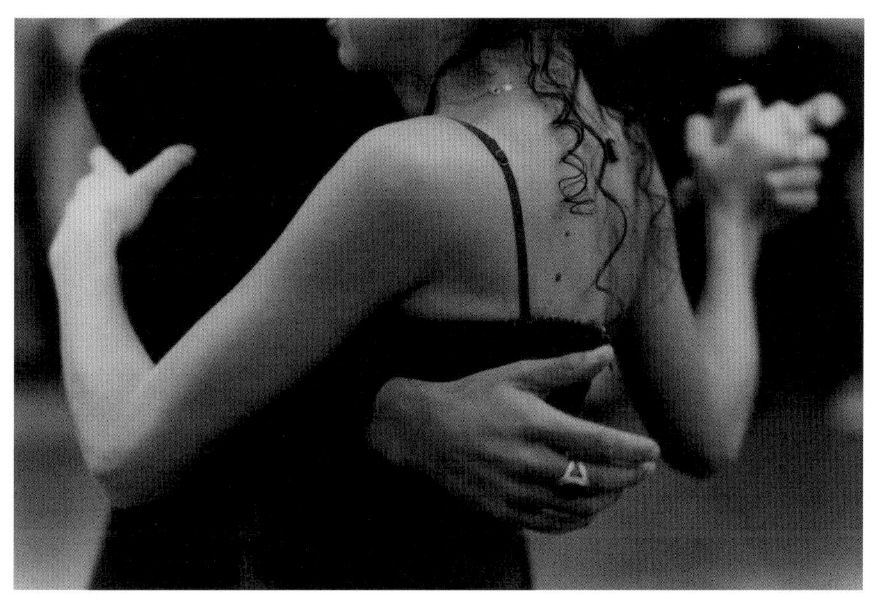

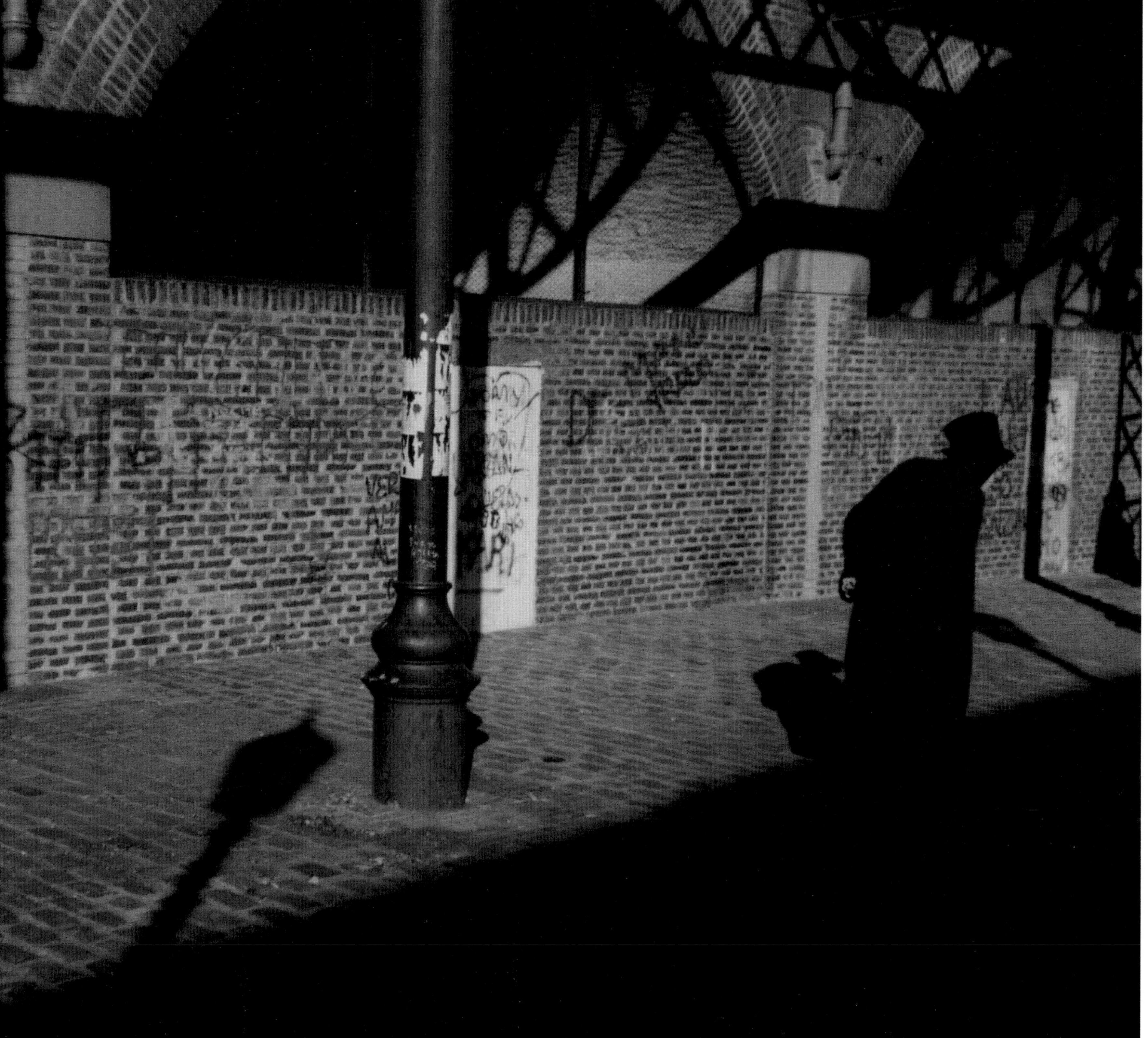

Fumando espero

Fumar es un placer
genial, sensual...
Fumando espero
al hombre que yo quiero
tras los cristales
de alegres ventanales.
Y mientras fumo,
mi vida no consumo,
porque flotando el humo
me suelo adormecer...

(Fragmento)
Letra: **Félix Garzo y Juan Viladomat** Música: **Juan Masanas**

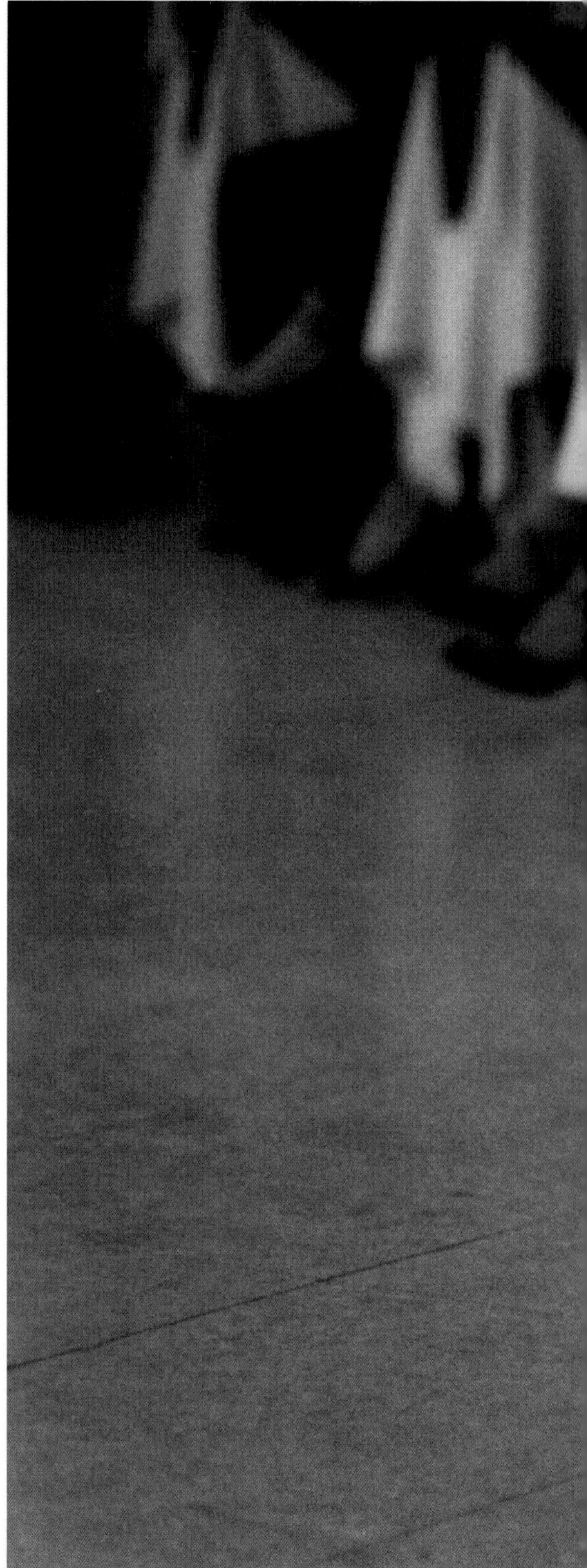

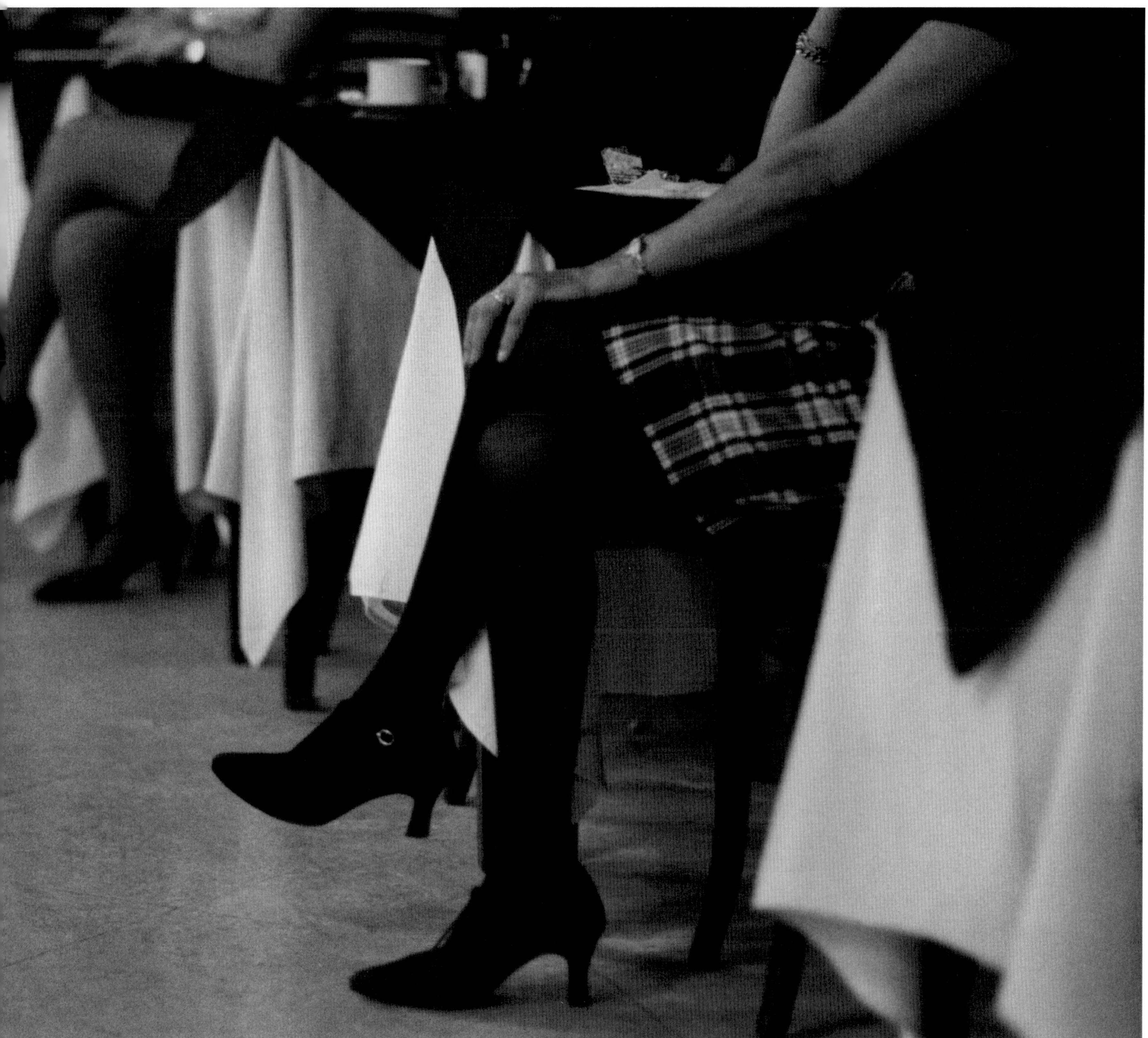

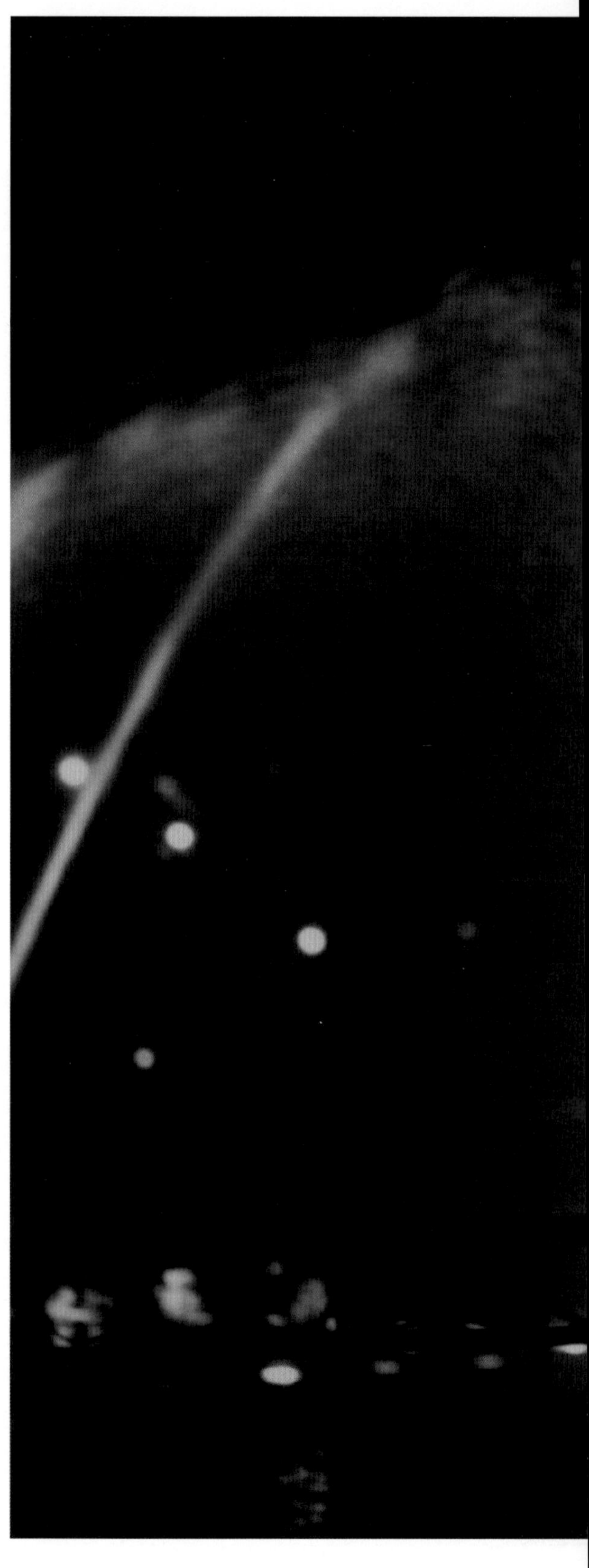

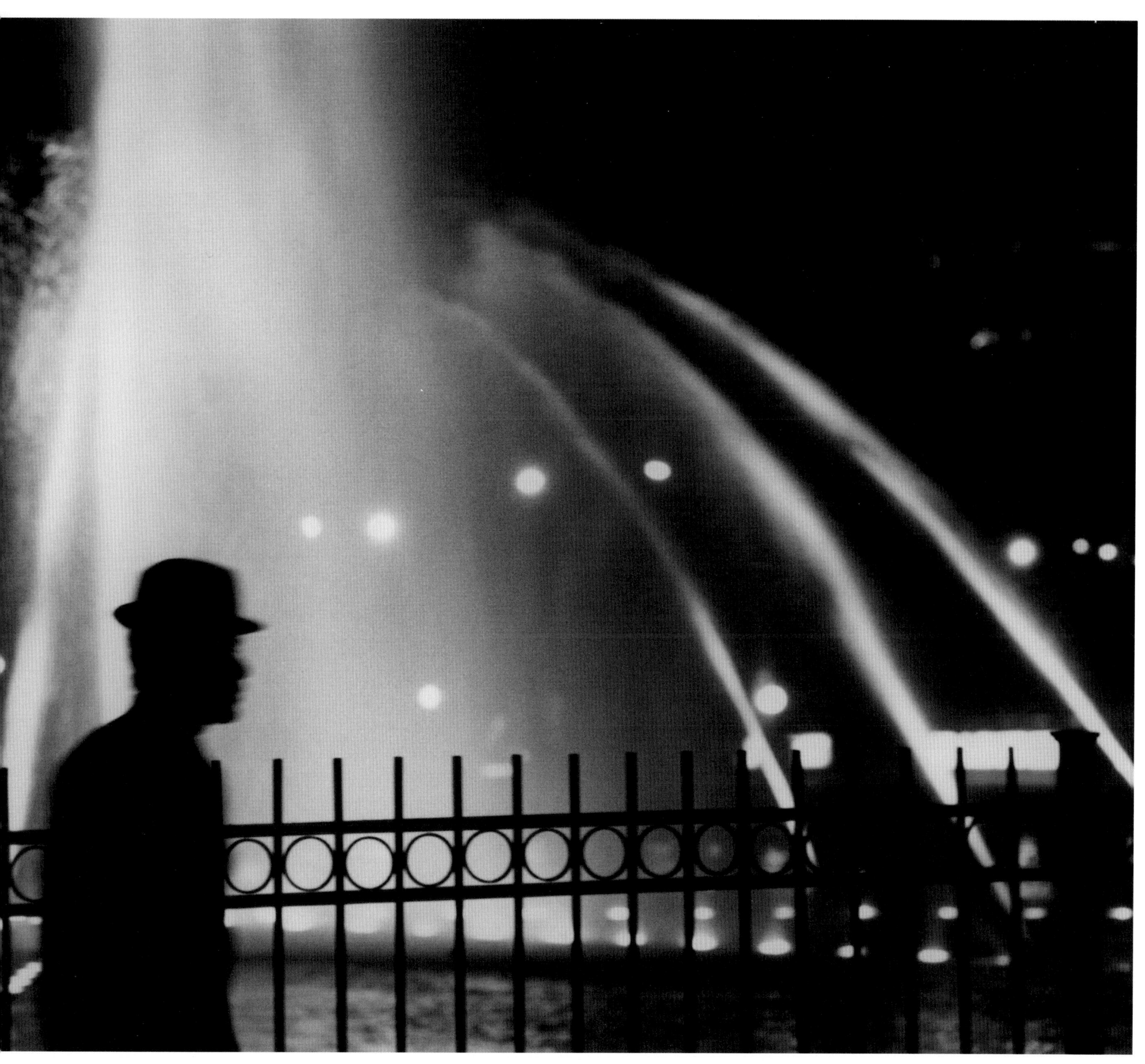

María

Acaso te llamaras solamente María...
No sé si eras el eco de una vieja canción,
pero hace mucho, mucho, fuiste hondamente mía
sobre un paisaje triste, desmayado de amor...
El otoño te trajo, mojando de agonía,
tu sombrerito pobre y el tapado marrón...
Eras como la calle de la melancolía,
que llovía... llovía sobre mi corazón...

¡María...!
En las sombras de mi pieza
es tu paso el que regresa...
¡María...!
Y es tu voz, pequeña y triste,
la del día en que dijiste:
"Ya no hay nada entre los dos..."
¡María!
¡La más mía...! ¡La lejana...!
¡Si volviera otra mañana
por las calles del adiós...!

Tus ojos eran puertos que guardaban ausentes
su horizonte de sueños y un silencio de flor...
Pero tus manos buenas regresaban presentes,
para curar mi fiebre, desteñida de amor...
Un otoño te trajo... Tu nombre era María,
y nunca supe nada de tu rumbo infeliz...
¡Si eras como la calle de la melancolía,
que llovía... llovía, sobre la calle gris...!

Letra: **Cátulo Castillo** Música: **Aníbal Troilo**

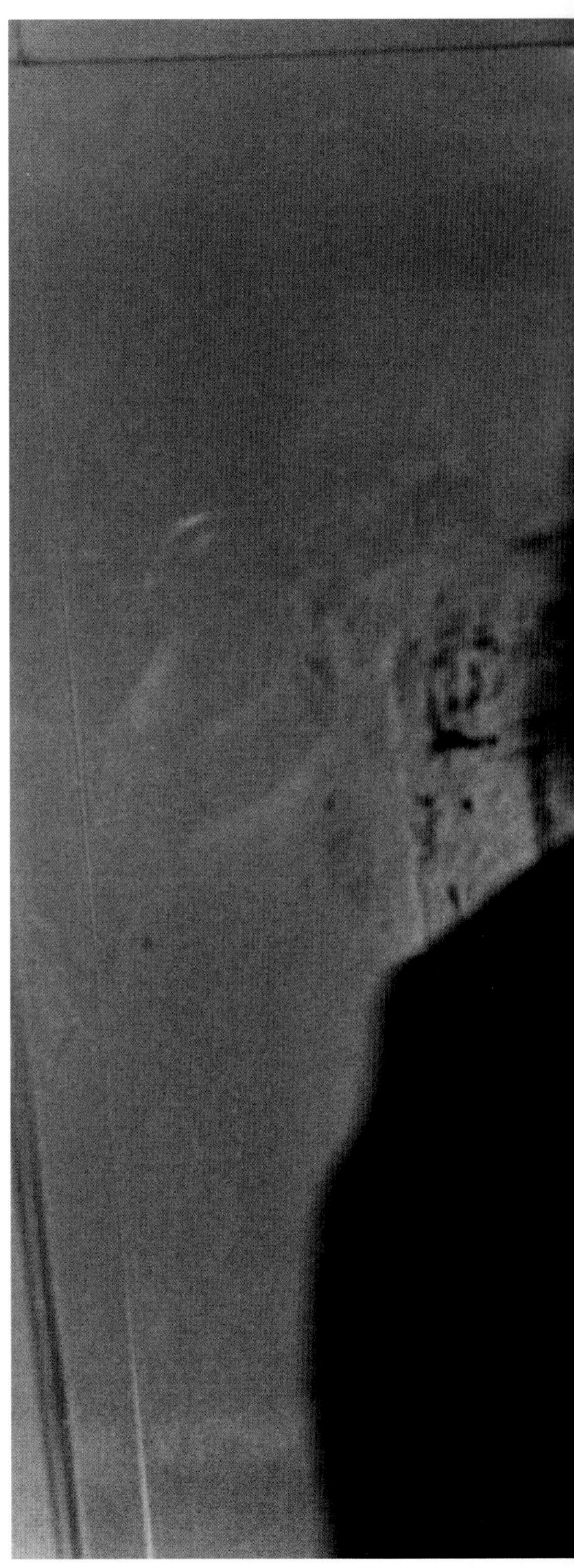

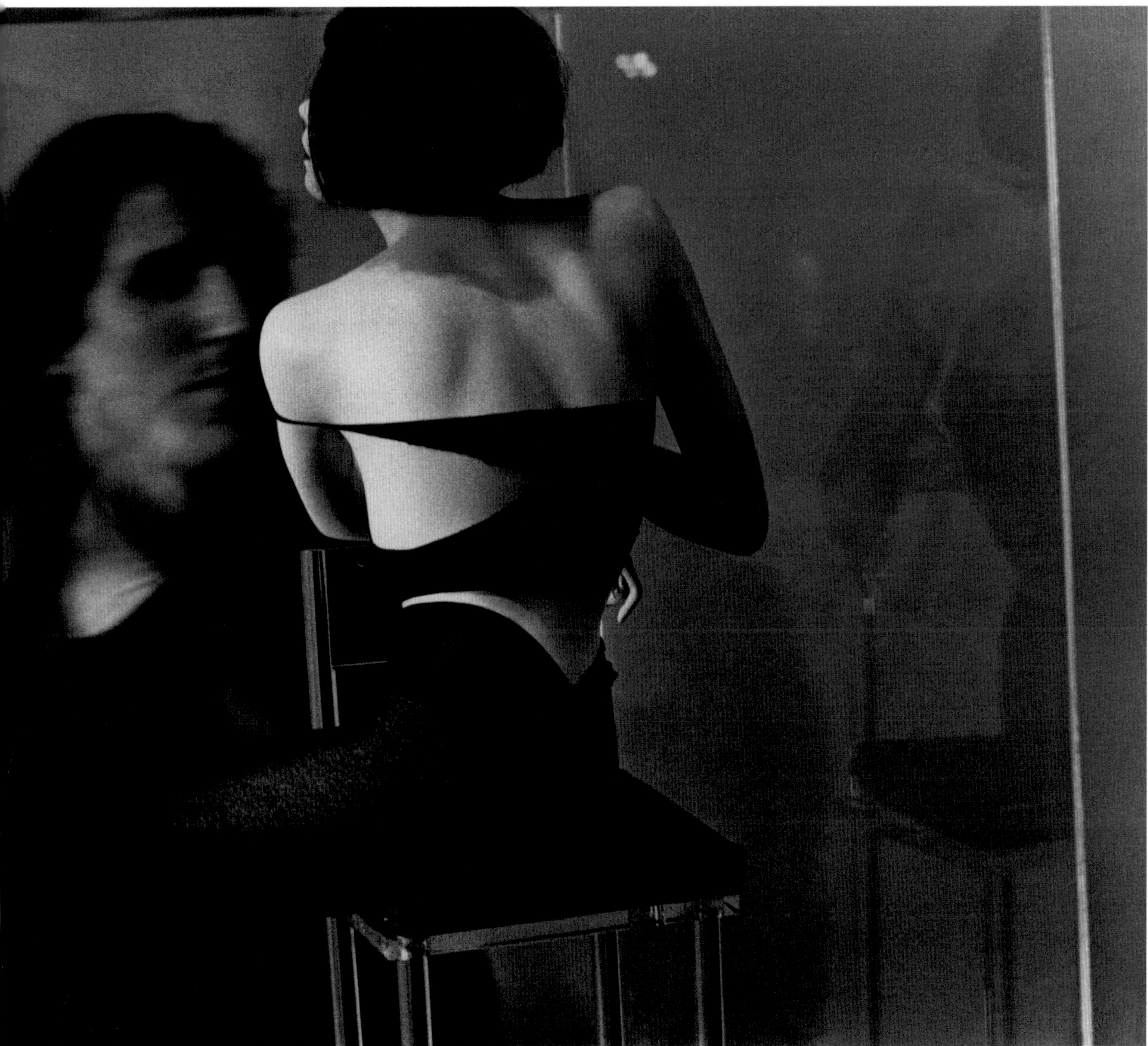

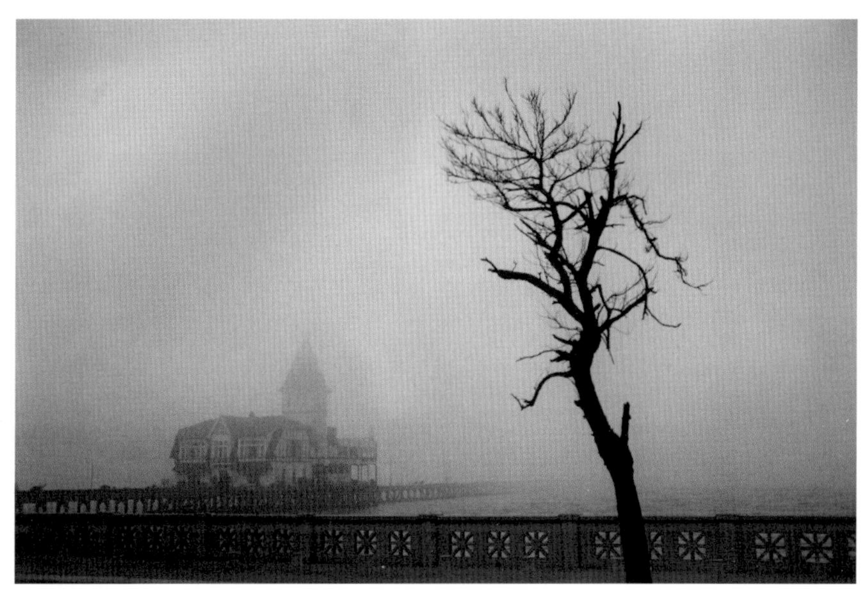

La última curda

Lastima, bandoneón,
mi corazón
tu ronca maldición maleva...
Tu lágrima de ron
me lleva
hasta el hondo bajo fondo
donde el barro se subleva...
Ya sé. No me digás. ¡Tenés razón!
La vida es una herida absurda
y es todo, todo, tan fugaz
que es una curda,
nada más,
mi confesión.

Contame tu condena,
decime tu fracaso,
¿no ves la pena
que me ha herido?
Y hablemos simplemente
de aquel amor ausente
como un retazo
del olvido...
¡Ya sé que me haces daño!
¡Ya sé que te lastimo
diciendo mi sermón de vino!
Pero es el viejo amor
que tiembla, bandoneón,
y busca en un licor que aturda,
la curda que al final
termine la función
¡corriéndole un telón
al corazón!

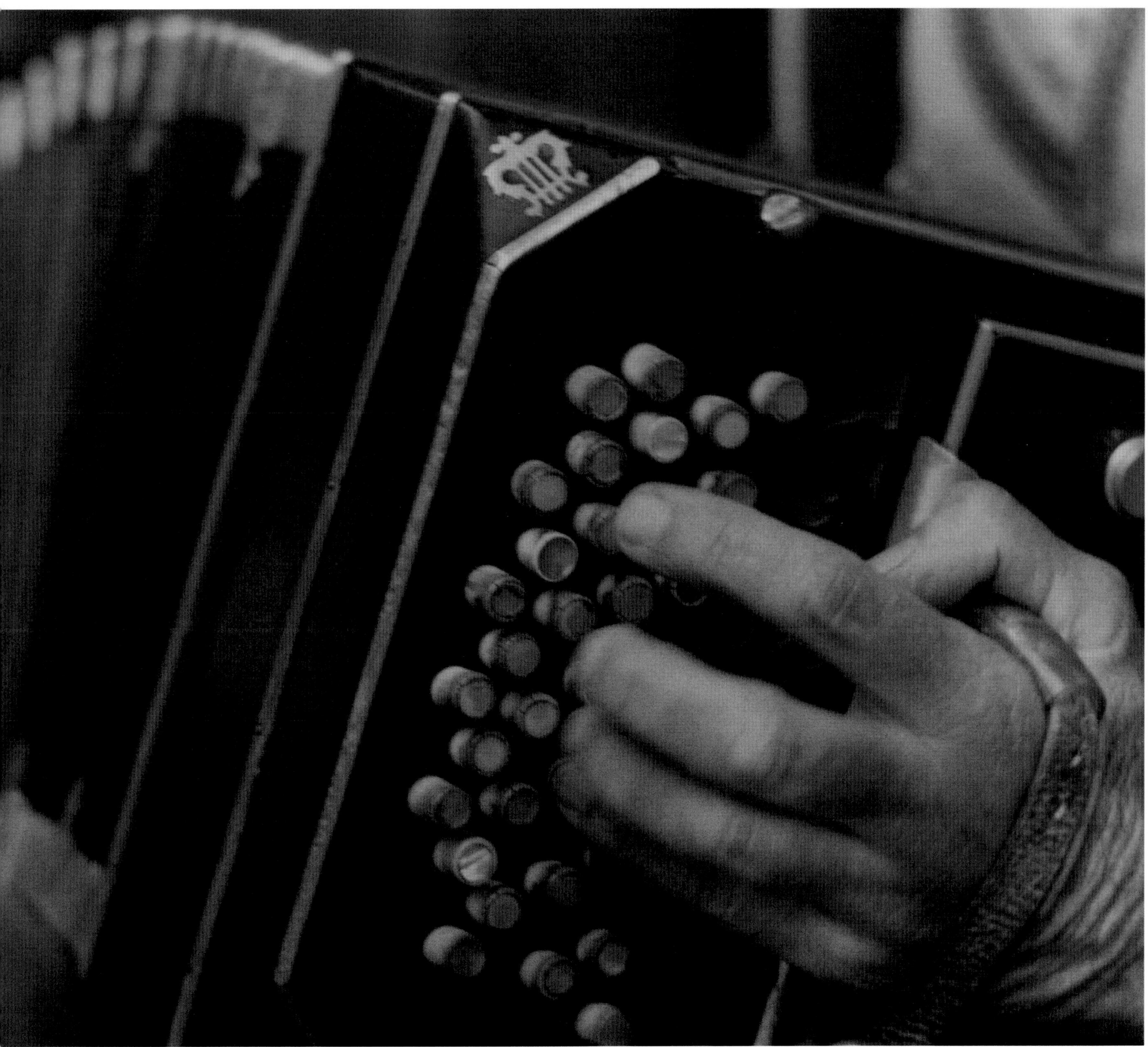

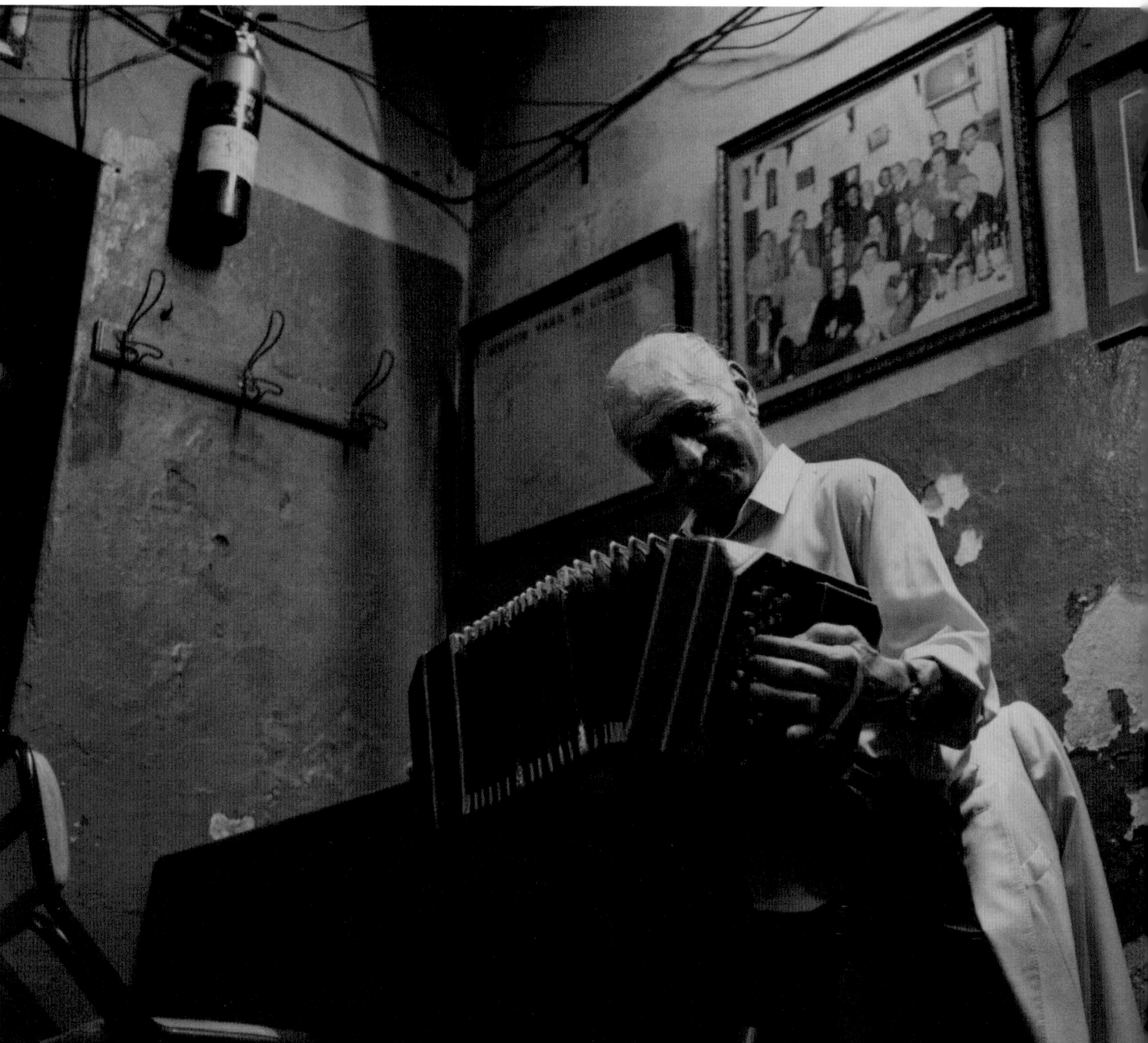

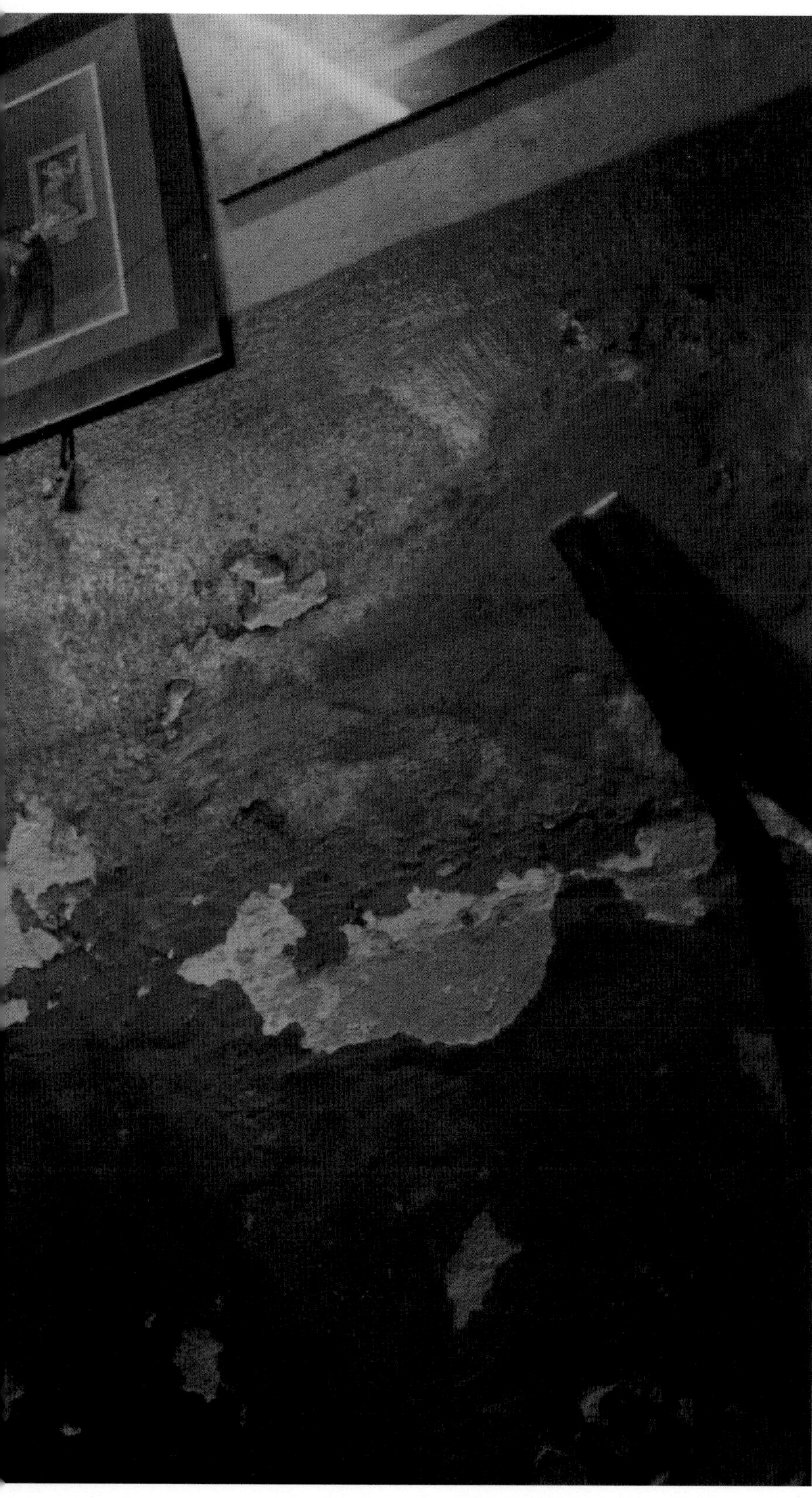

Un poco de recuerdo
y sinsabor
gotea tu rezongo lerdo...
Marea tu licor
y arrea
la tropilla de la zurda
al volcar la última curda...
Cerrame el ventanal
que quema el sol
su lento caracol
de sueño...
No ves que vengo de un país
que está de olvido, siempre gris,
tras el alcohol.

Letra: **Cátulo Castillo** Música: **Aníbal Troilo**

Nostalgias

Nostalgias
de escuchar su risa loca
y sentir junto a mi boca,
como un fuego, su respiración.
Angustia
de sentirme abandonado,
de pensar que otro, a su lado,
pronto, pronto le hablará de amor.
Hermano,
yo no quiero rebajarme,
ni pedirle, ni llorarle,
ni decirle que no puedo más vivir...
Desde mi triste soledad veré caer
las rosas muertas de mi juventud.

(Fragmento)
Letra: **Enrique Cadícamo** Música: **Juan Carlos Cobián**

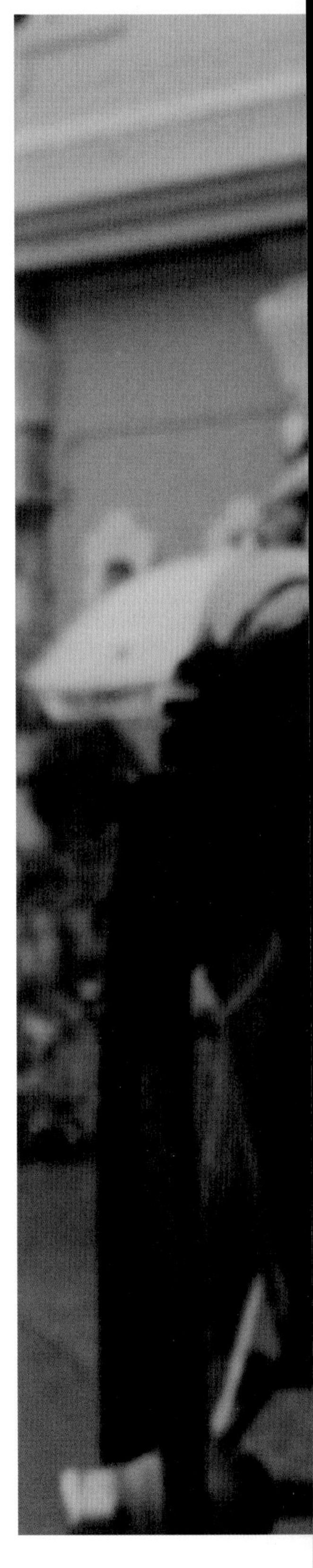

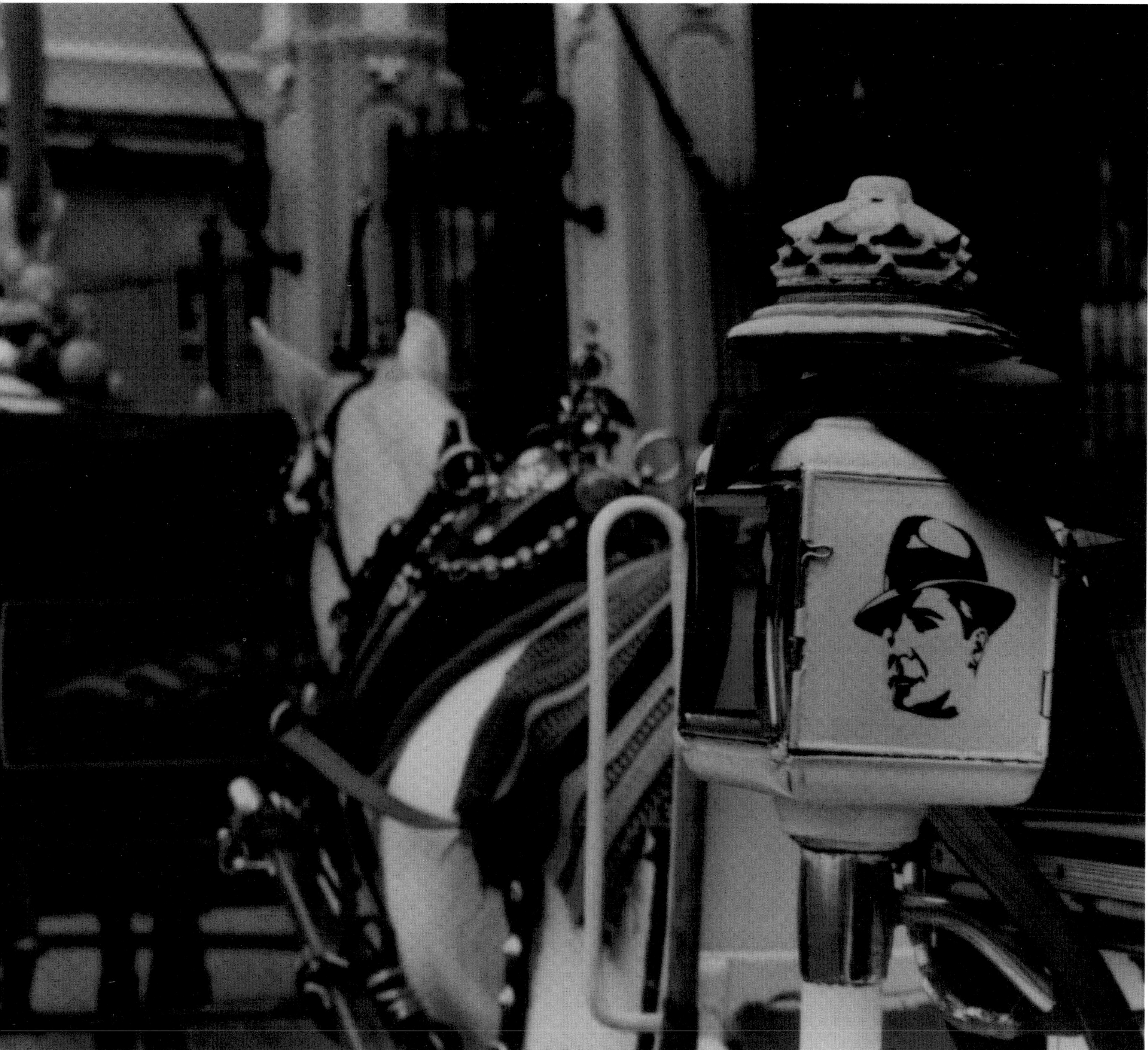

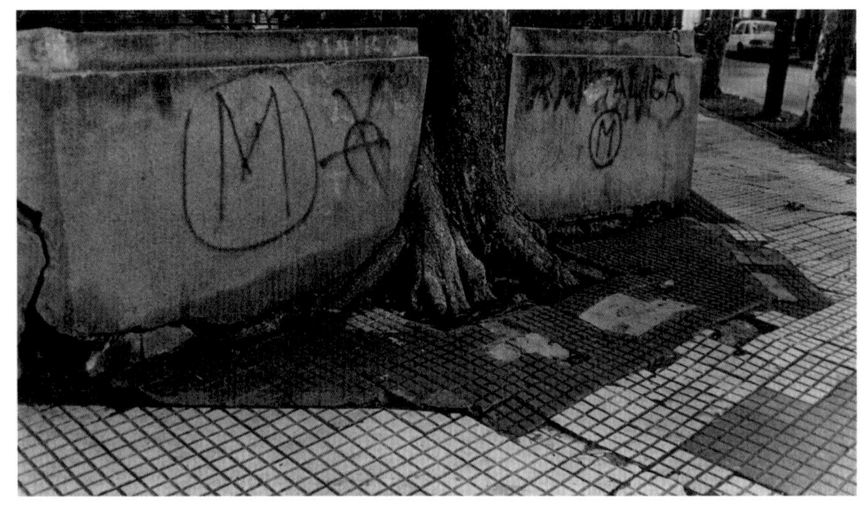

Volvió una noche

Volvió una noche... No la esperaba...
Había en su rostro tanta ansiedad
que tuve pena de recordarle
su felonía y su crueldad.
Me dijo humilde: "Si me perdonas
el tiempo viejo otra vez vendrá,
la primavera es nuestra vida,
verás que todo nos sonreirá..."

"Mentira, mentira -yo quise decirle-;
las horas que pasan ya no vuelven más,
y así, mi cariño, al tuyo enlazado,
es sólo un fantasma del viejo pasado
que ya no se puede resucitar..."
Callé mi amargura y tuve piedad;
sus ojos azules muy grandes se abrieron.
Mi pena inaudita pronto comprendieron
y con una mueca de mujer vencida
me dijo: "Es la vida..." Y no la vi más.

Volvió una noche... Nunca la olvido,
con la mirada triste y sin luz,
y tuve miedo de aquel espectro
que fue locura en mi juventud.
Se fue en silencio, sin un reproche;
busqué un espejo y me quise mirar...
¡Había en mi frente tantos inviernos
que también ella tuvo piedad!

Letra: **Alfredo Le Pera** Música: **Carlos Gardel**

Yira, yira

Yira, yira

Cuando la suerte, que es grela,
fallando y fallando
te largue parao...
Cuando estés bien en la vía,
sin rumbo, desesperao...
Cuando no tengas ni fe,
ni yerba de ayer
secándose al sol...
Cuando rajés los tamangos
buscando ese mango
que te haga morfar...
La indiferencia del mundo
que es sordo y es mudo,
recién sentirás.

Verás que todo es mentira,
verás que nada es amor...
Que al mundo nada le importa...
Yira... Yira...
Aunque te quiebre la vida,
aunque te muerda un dolor,
no esperes nunca una ayuda,
ni una mano, ni un favor...

Cuando estén secas las pilas
de todos los timbres
que vos apretás,
buscando un pecho fraterno
para morir abrazao...
Cuando te dejen tirao
después de cinchar,
lo mismo que a mí...
Cuando manyés que a tu lado
se prueban la ropa
que vas a dejar...
¡Te acordarás de este otario
que un día, cansado,
se puso a ladrar!

Letra y música: **Enrique Santos Discépolo**

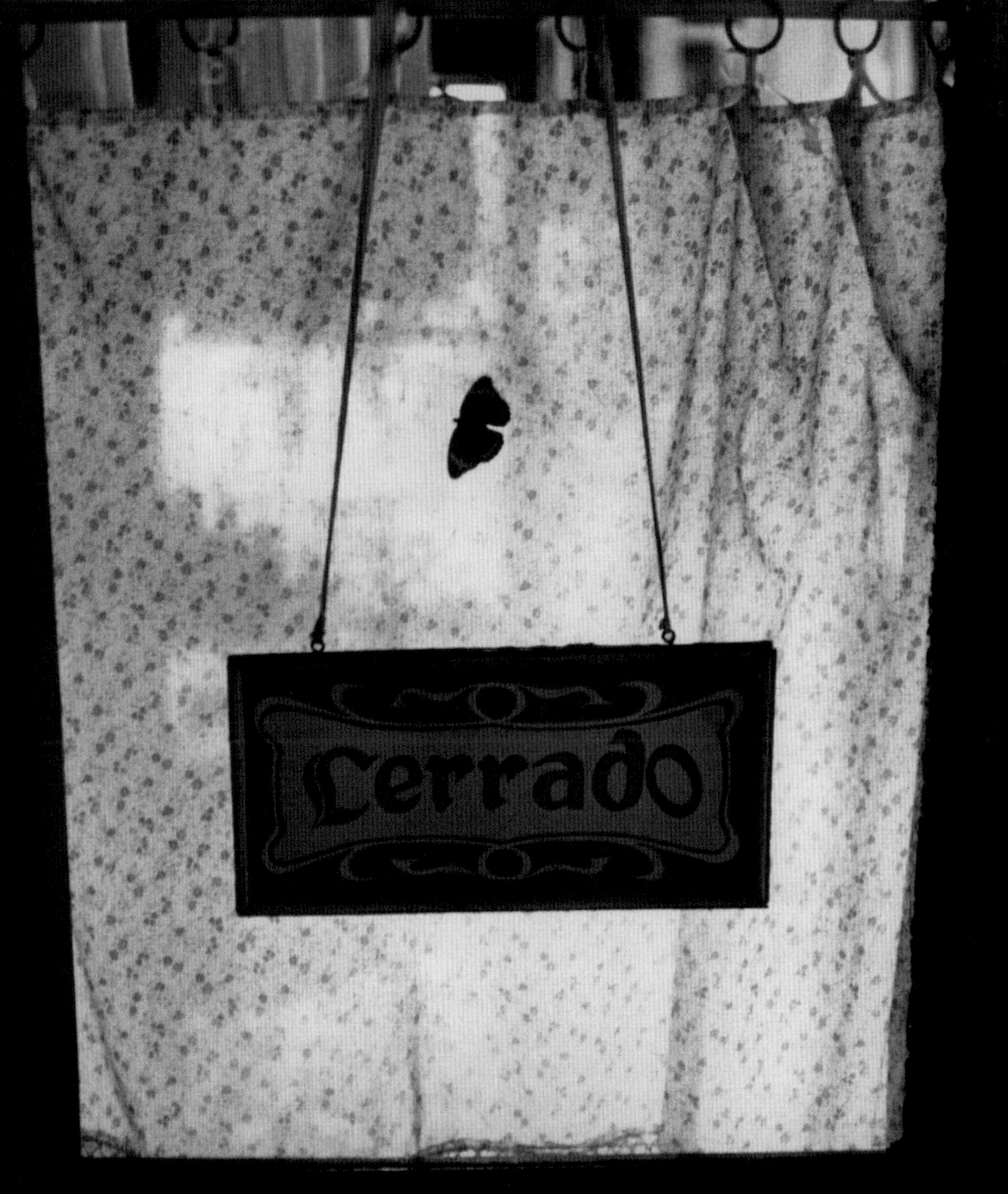
Cerrado

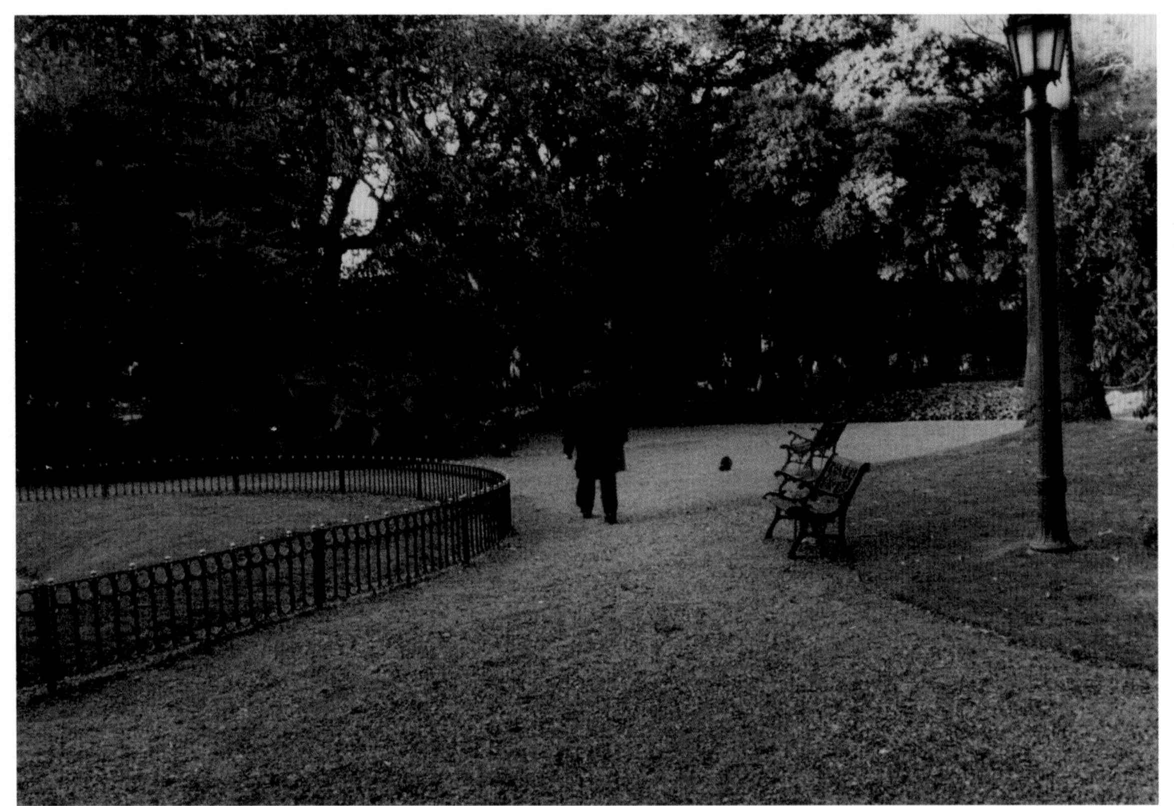

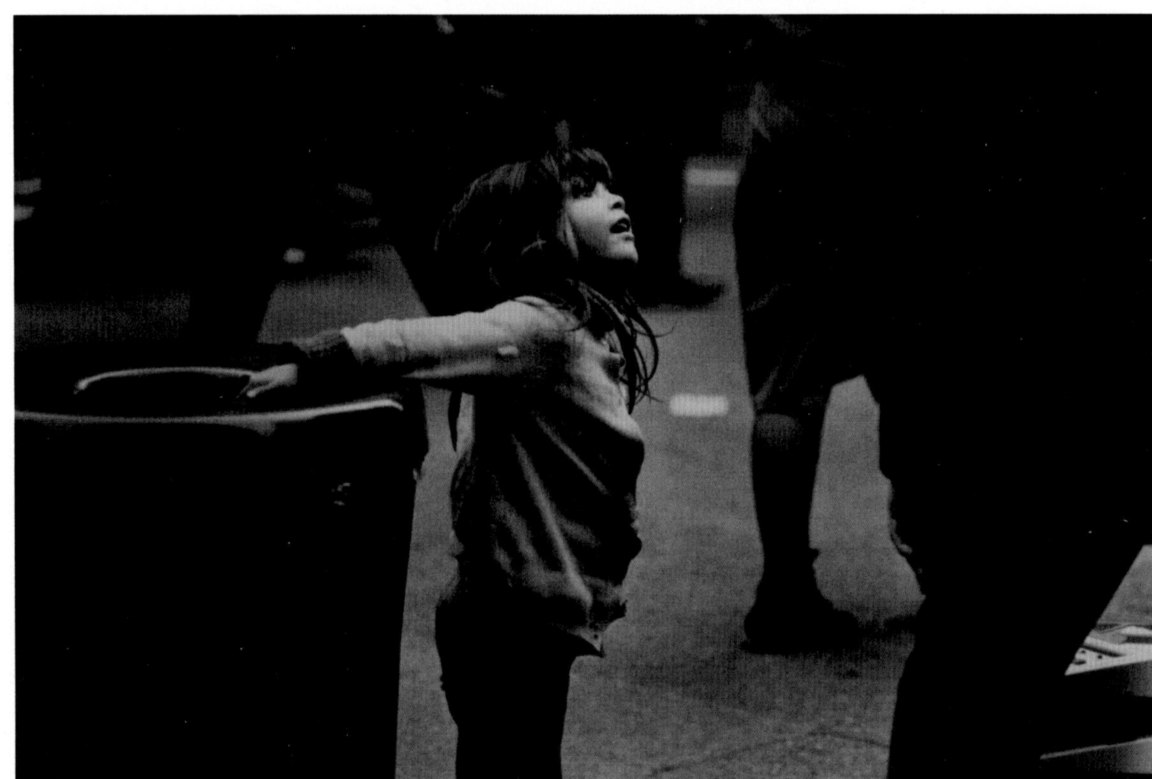

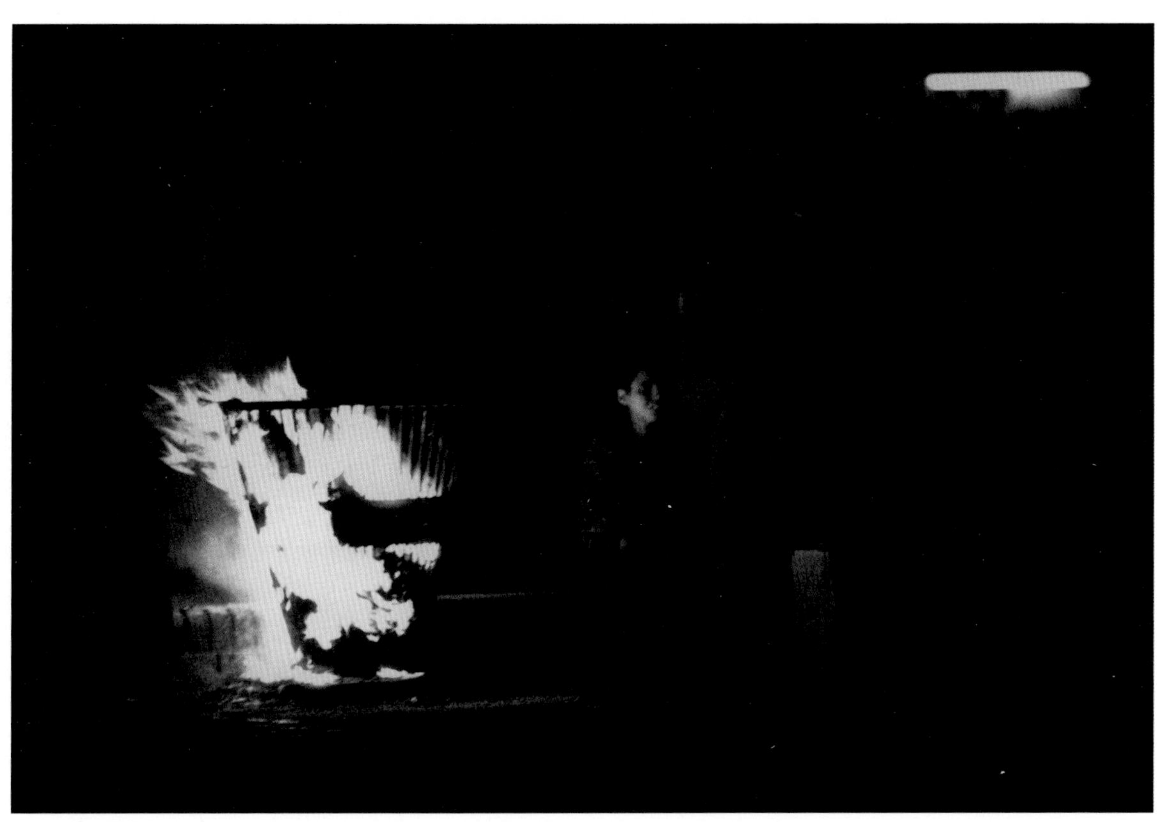

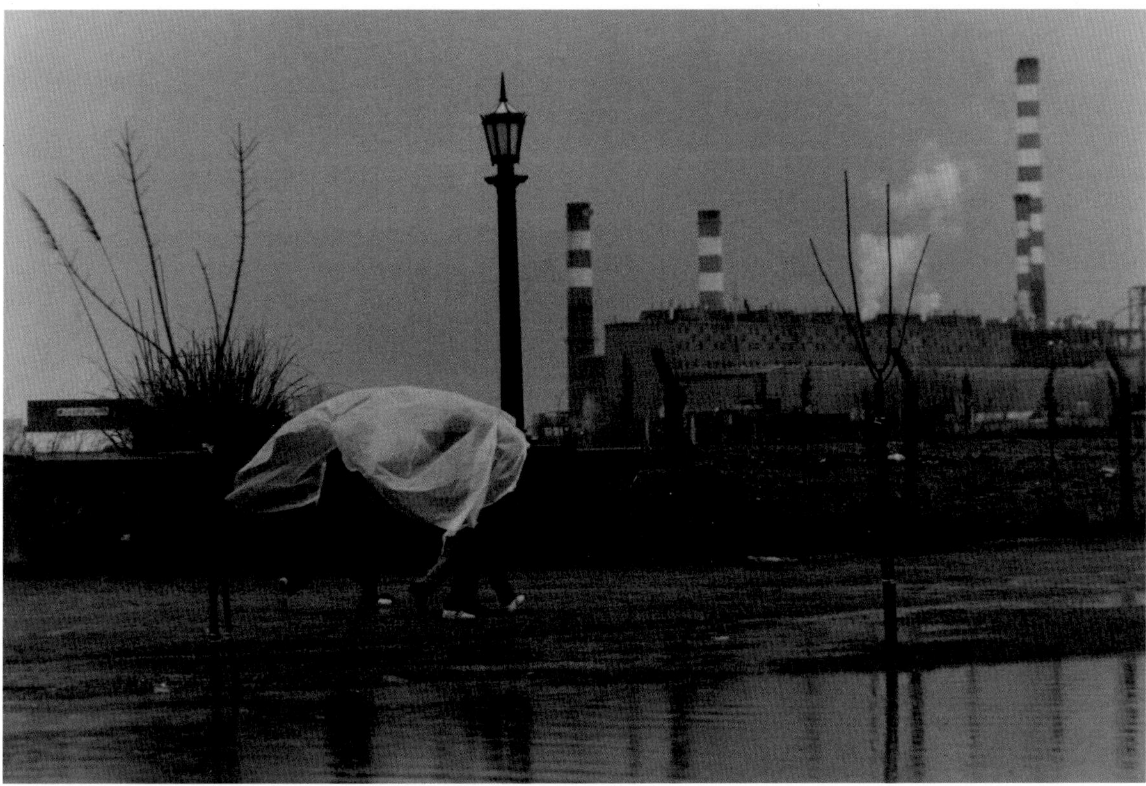

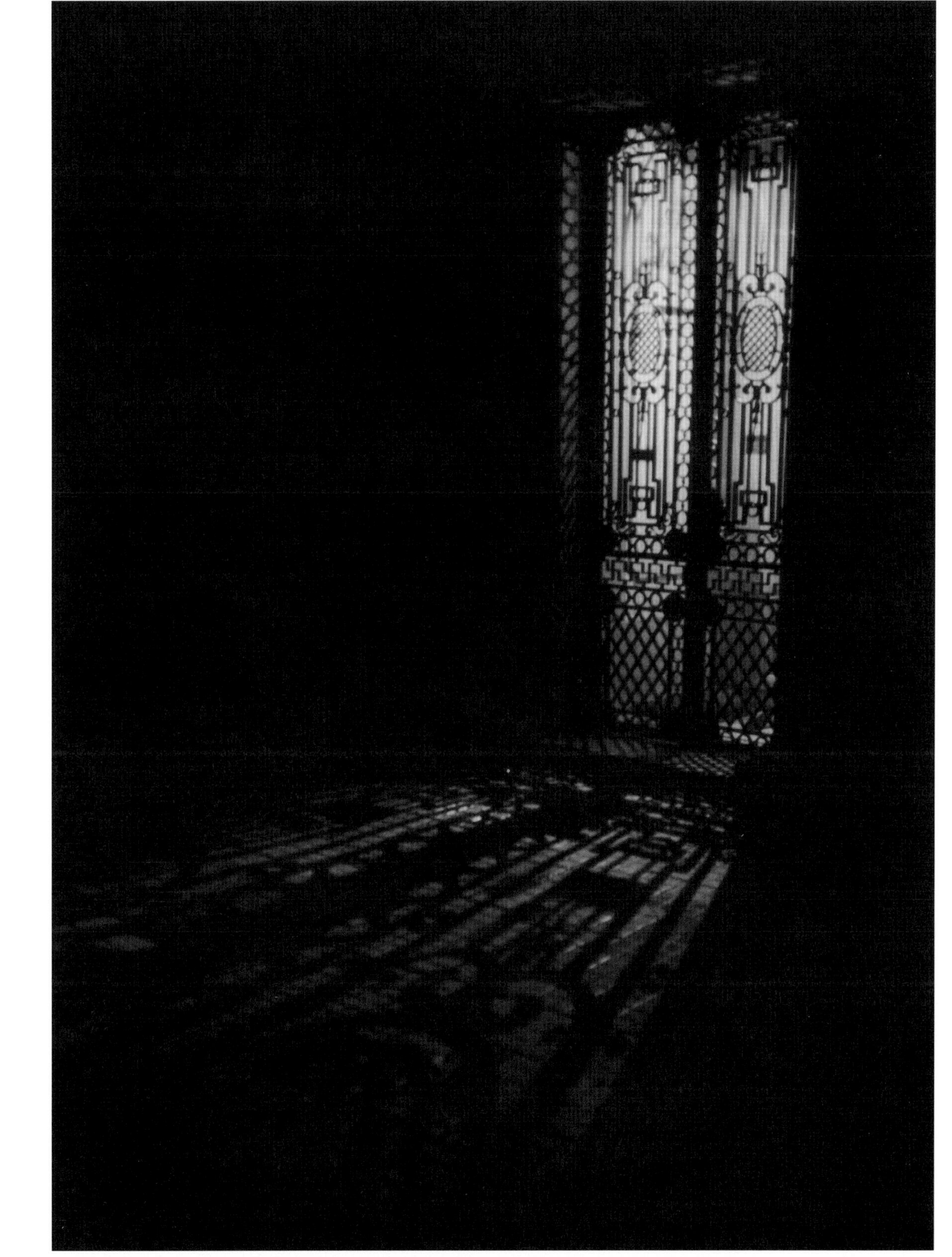

Cafetín de
Buenos Aires

De chiquilín te miraba de afuera
como a esas cosas que nunca se alcanzan...
La ñata contra el vidrio
en un azul de frío,
que solo fue después viviendo
igual al mío...
Como una escuela de todas las cosas,
ya de muchacho me diste entre asombros
el cigarrillo,
la fe en mis sueños
y una esperanza de amor...

¿Cómo olvidarte en esta queja,
cafetín de Buenos Aires,
si sos lo único en la vida
que se pareció a mi vieja?
En tu mezcla milagrosa
de sabihondos y suicidas,
yo aprendí filosofía, dados, timba
y la poesía cruel
de no pensar más en mí...

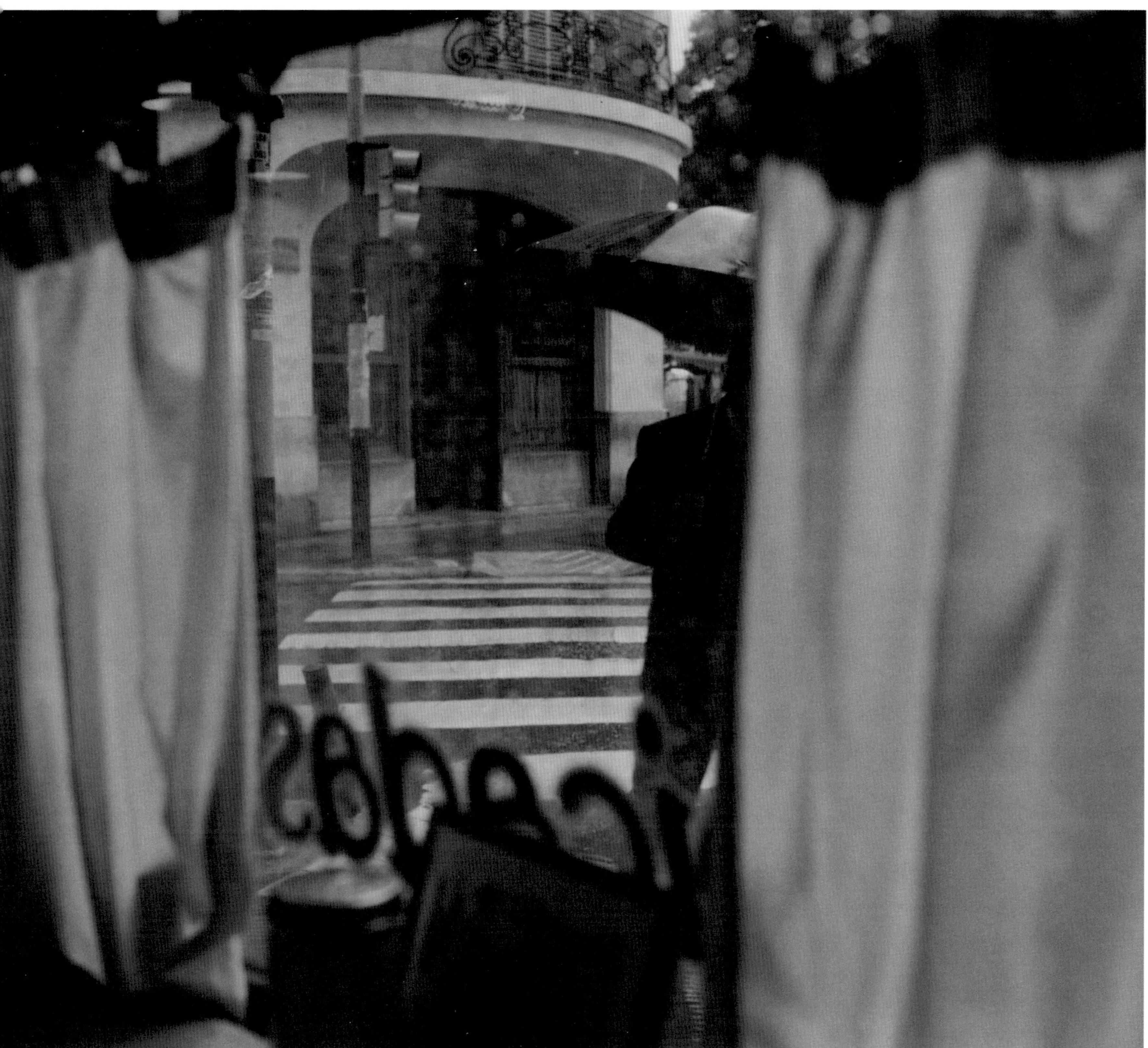

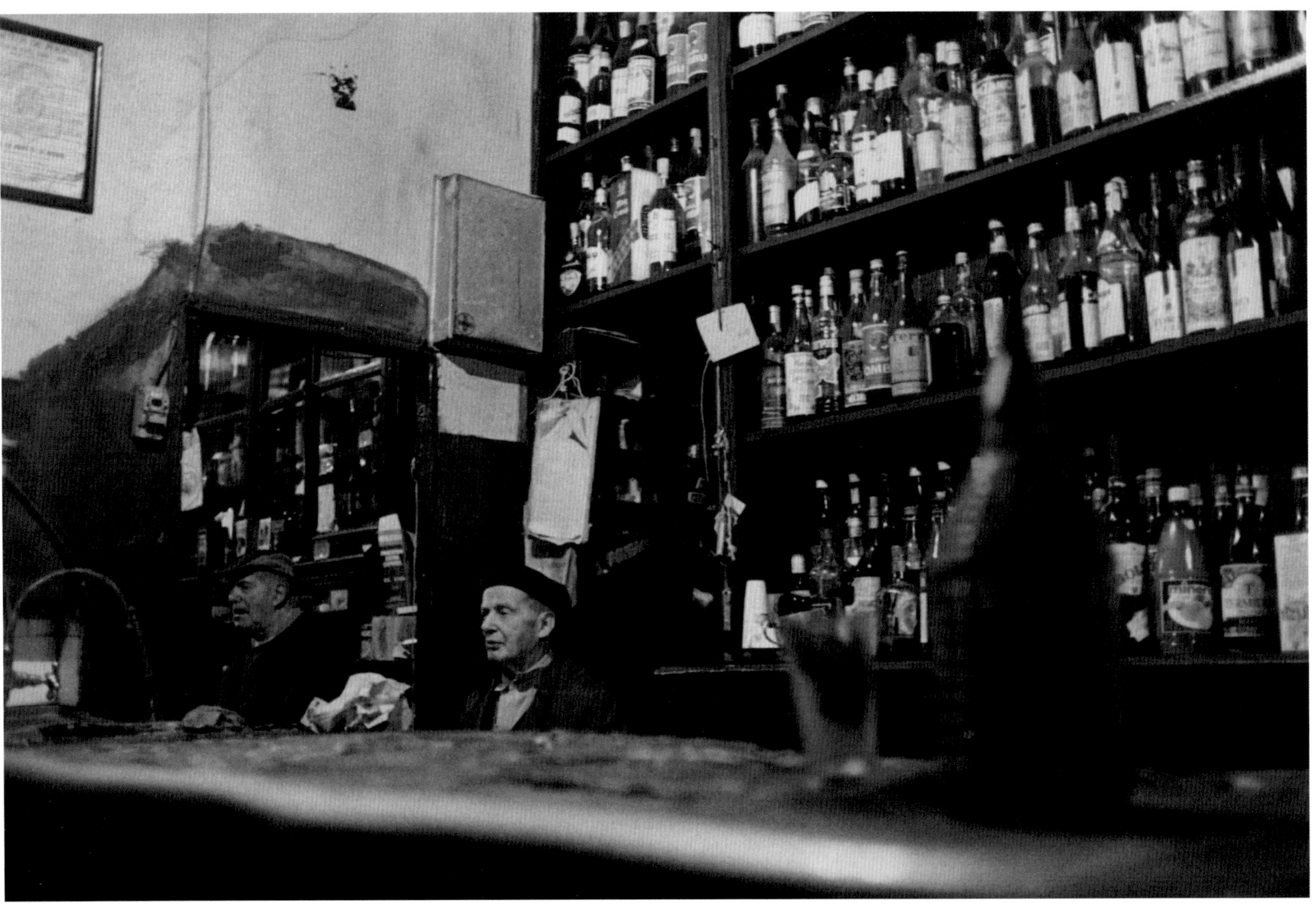

Me diste en oro un puñado de amigos,
que son los mismos que alientan mis horas:
José, el de la quimera;
Marcial, que aún cree y espera;
y el flaco Abel, que se nos fue,
pero aún me guía...

Sobre tus mesas que nunca preguntan
lloré una tarde el primer desengaño;
nací a las penas,
bebí mis años
y me entregué sin luchar…

Letra: **Enrique Santos Discépolo** Música: **Mariano Mores**

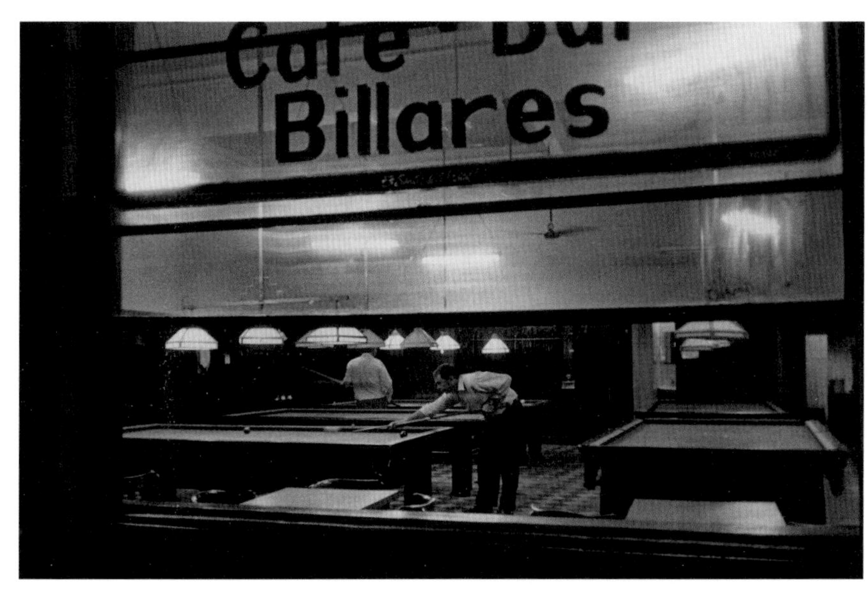
Cafe - Bar
Billares

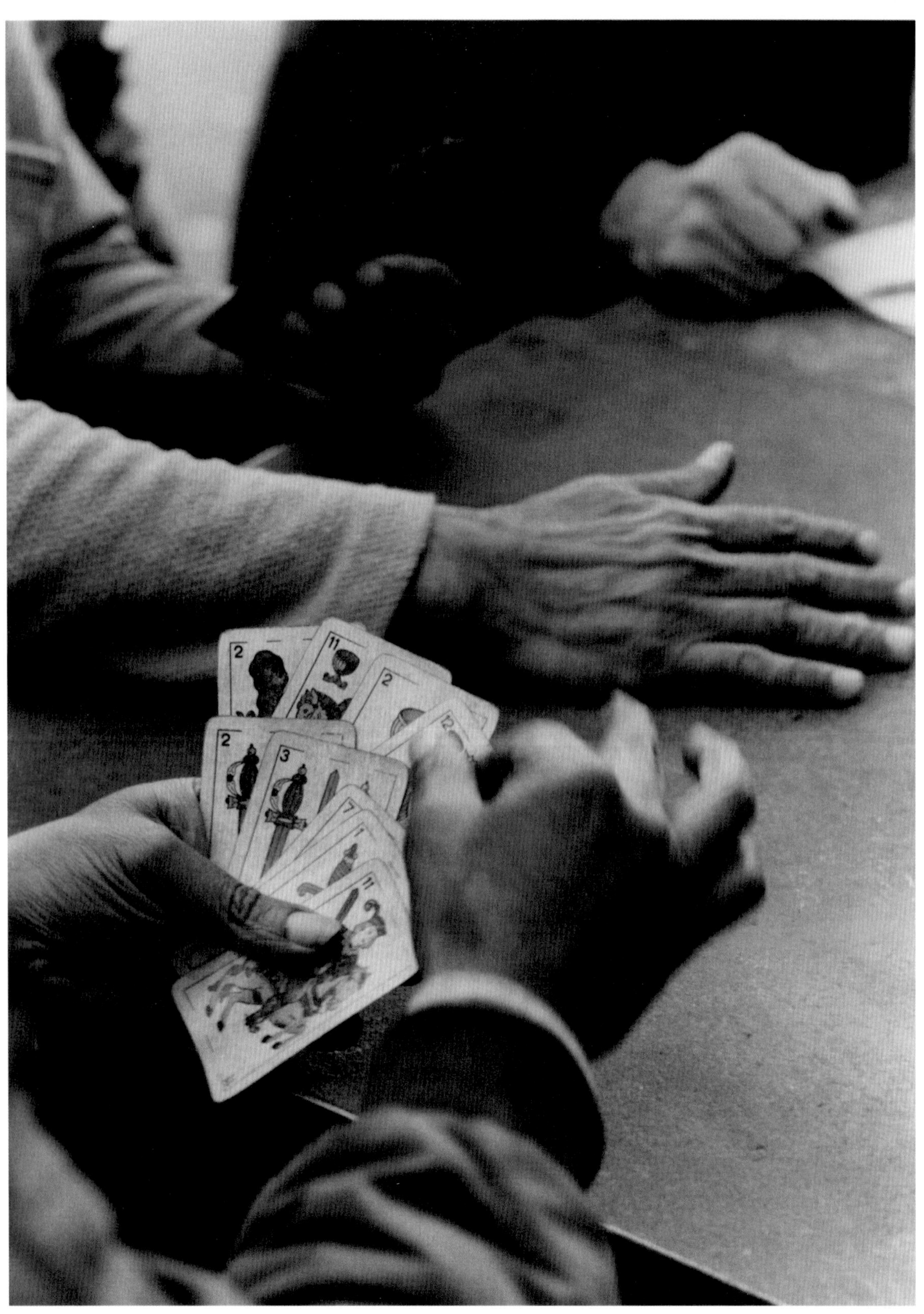

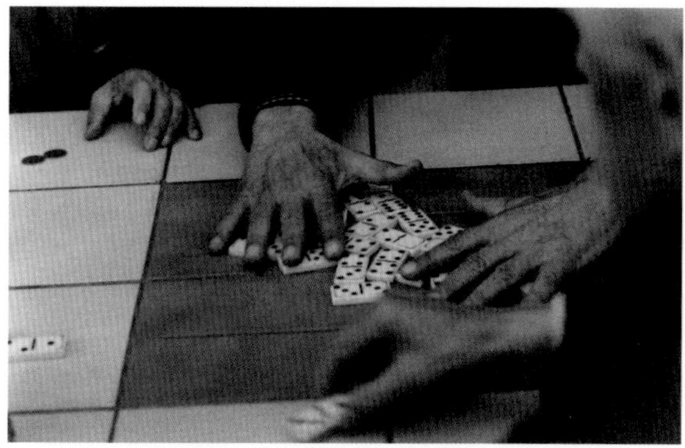

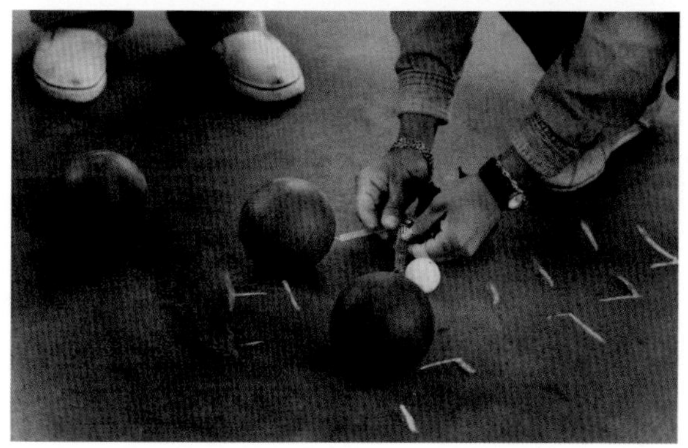

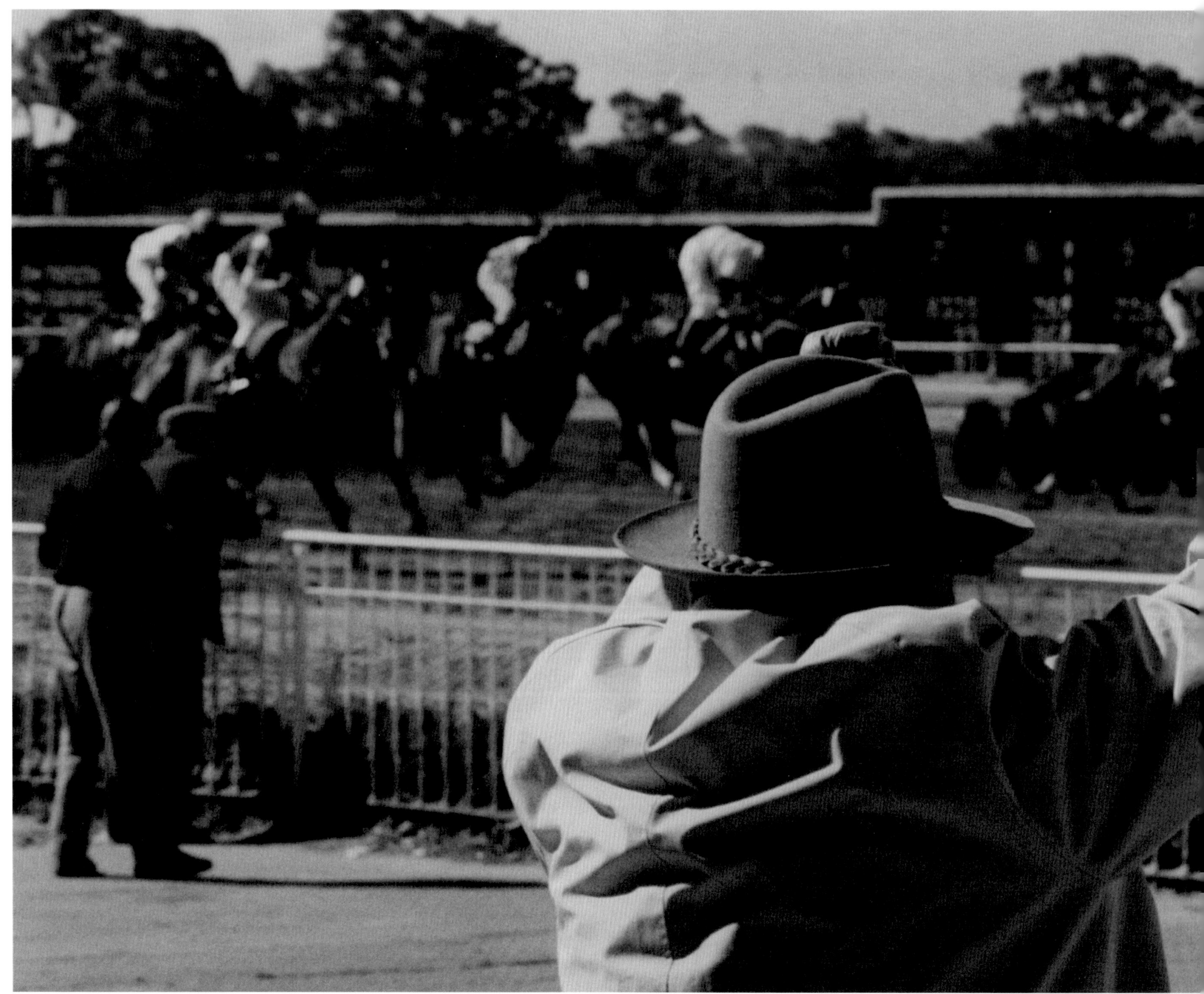

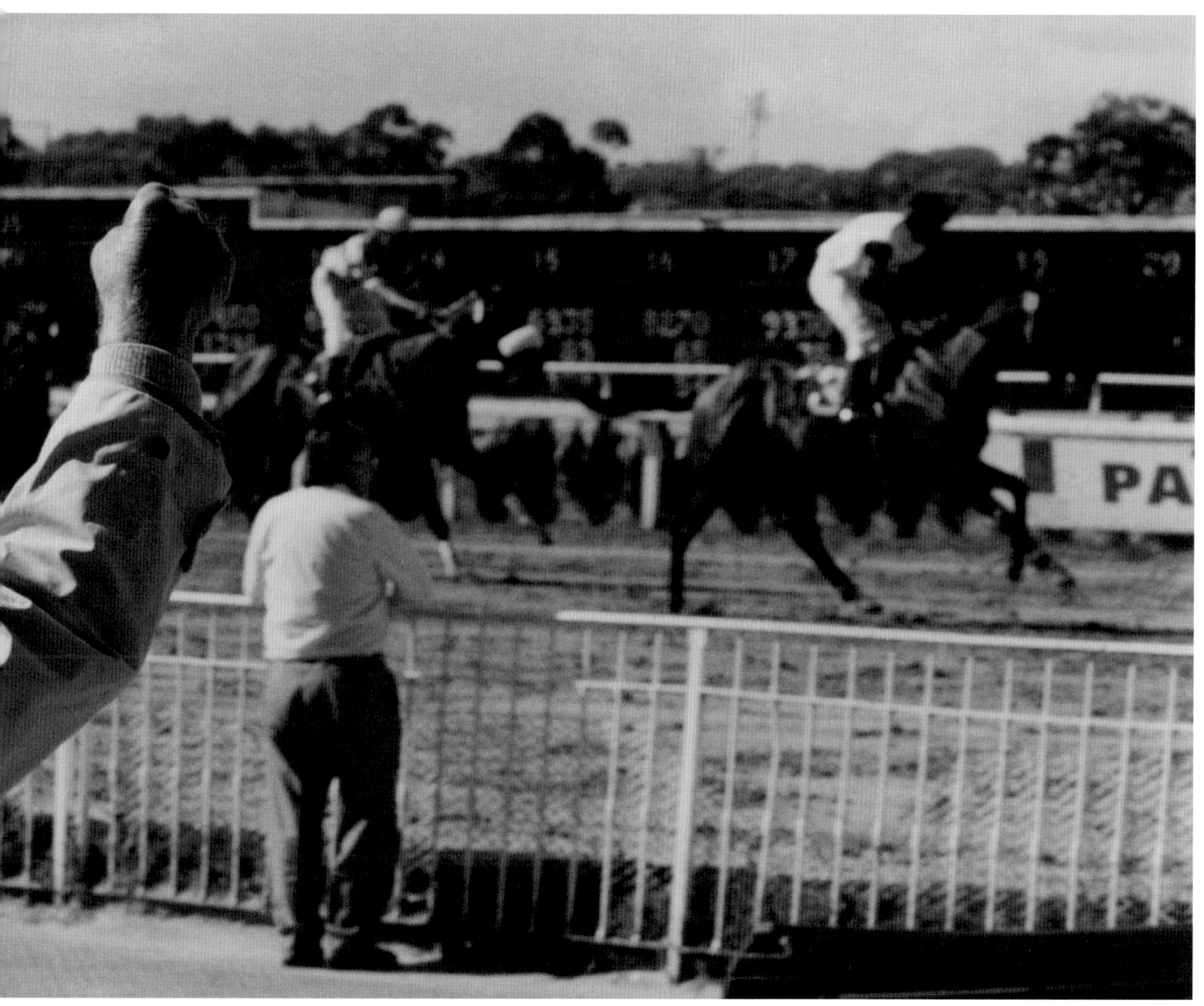

Por una cabeza

Por una cabeza de un noble potrillo,
que justo en la raya afloja al llegar
y que al regresar parece decir:
"No olvidés, hermano, vos sabés, no hay que jugar..."
Por una cabeza, metejón de un día
de aquella coqueta y burlona mujer,
que al jurar sonriendo el amor que está mintiendo,
quema en una hoguera todo mi querer.

¡Por una cabeza
todas las locuras...!
Su boca que besa
borra la tristeza,
calma la amargura...
¡Por una cabeza,
si ella me olvida,
qué importa perderme
mil veces la vida,
para qué vivir...!

¡Cuántos desengaños por una cabeza...!
Yo juré mil veces, no vuelvo a insistir;
pero si un mirar me hiere al pasar,
sus labios de fuego otra vez quiero besar.
¡Basta de carreras! ¡Se acabó la timba!
¡Un final reñido ya no vuelvo a ver!
Pero si algún pingo llega a ser fija el domingo,
yo me juego entero... ¡Qué le voy a hacer!

Letra: **Alfredo Le Pera** Música: **Carlos Gardel**

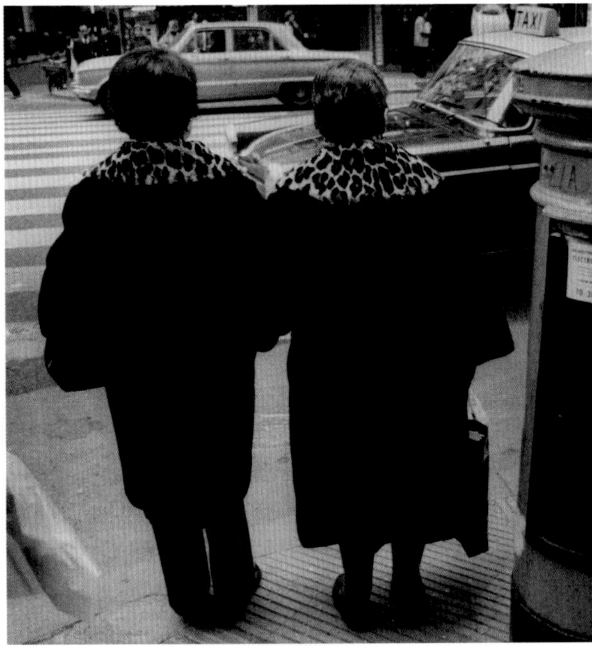

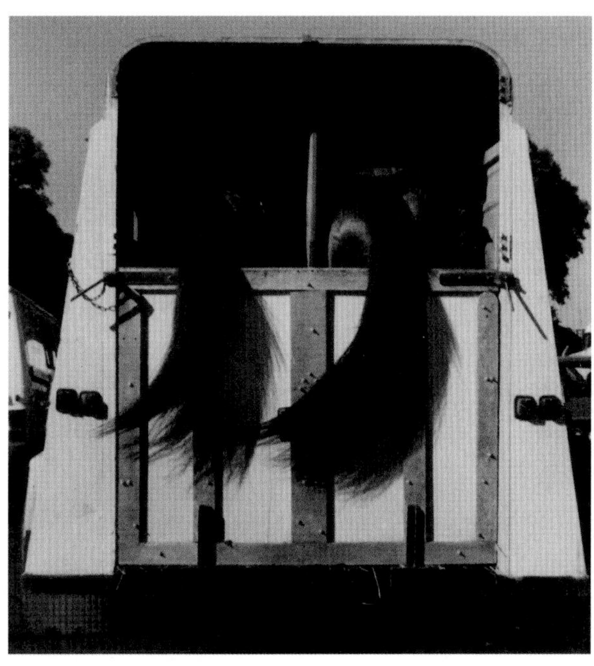

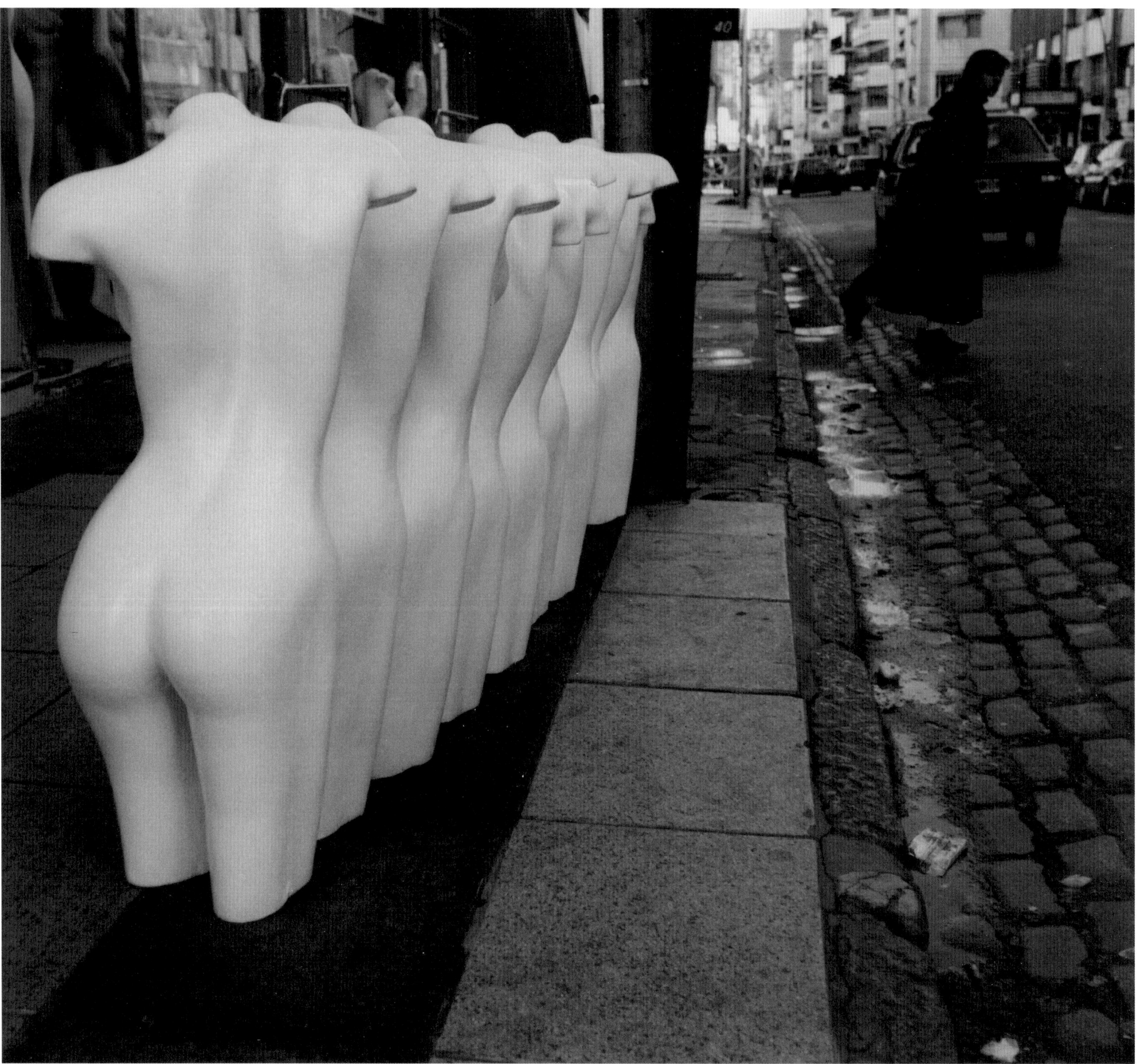

Cambalache

Que el mundo fue y será
una porquería, ya lo sé.
En el quinientos seis
y en el dos mil, también.
Que siempre ha habido chorros,
maquiavelos y estafaos,
contentos y amargaos,
varones y dublés.
Pero que el siglo veinte
es un despliegue
de maldá insolente,
ya no hay quien lo niegue.
Vivimos revolcaos en un merengue
y en el mismo lodo
todos manoseaos.

Hoy resulta que es lo mismo
ser derecho que traidor,
ignorante, sabio, chorro,
generoso o estafador...
¡Todo es igual!
¡Nada es mejor!
Lo mismo un burro
que un gran profesor.
No hay aplazaos ni escalafón,
los ignorantes nos han igualao.
Si uno vive en la impostura
y otro roba en su ambición,
da lo mismo que sea cura,
colchonero, Rey de Bastos,
caradura o polizón.

¡Qué falta de respeto,
qué atropello a la razón!
Cualquiera es un señor,
cualquiera es un ladrón...
Mezclao con Stavisky
va Don Bosco y La Mignon,
Don Chicho y Napoleón,
Carnera y San Martín...
Igual que en la vidriera
irrespetuosa
de los cambalaches
se ha mezclao la vida,
y herida por un sable sin remache
ves llorar La Biblia
junto a un calefón.

Siglo veinte, cambalache
problemático y febril...
El que no llora no mama
y el que no afana es un gil.
¡Dale, nomás...!
¡Dale, que va...!
¡Que allá en el horno
nos vamo' a encontrar...!
No pienses más; sentate a un lao,
que a nadie importa si naciste honrao...
Es lo mismo el que labura
noche y día como un buey,
que el que vive de los otros,
que el que mata, que el que cura,
o está fuera de la ley...

Letra y música: **Enrique Santos Discépolo**

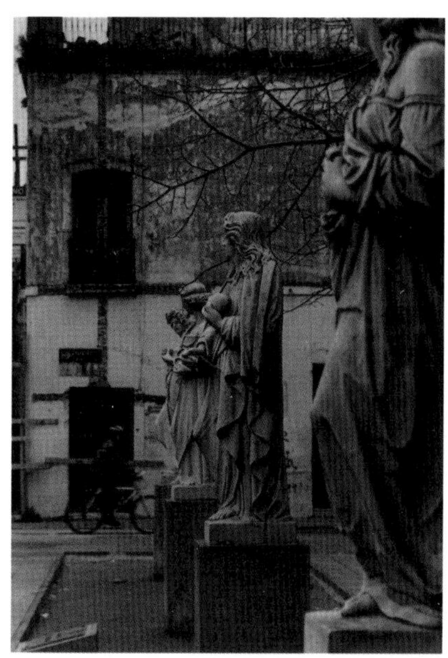

Volver

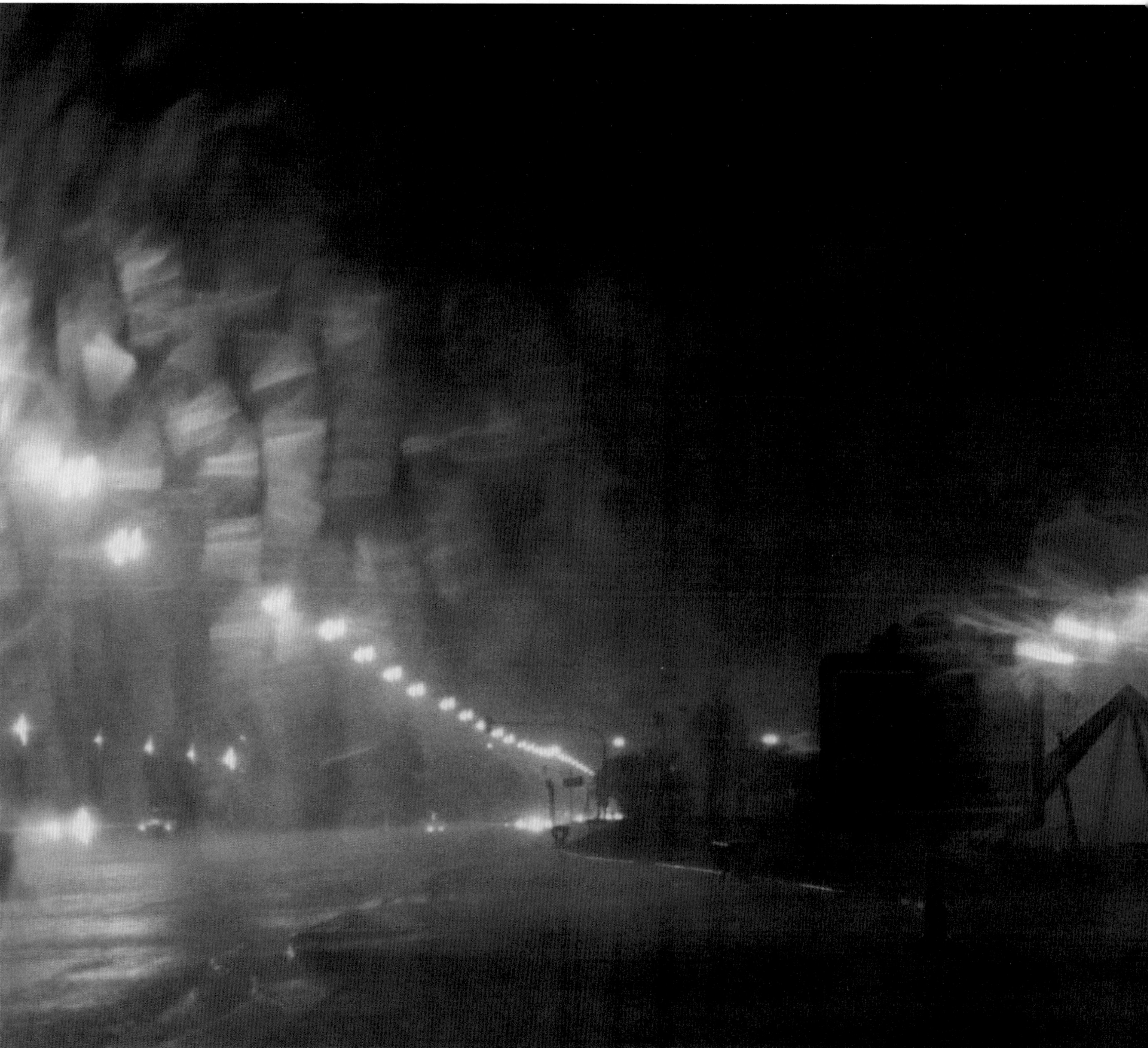

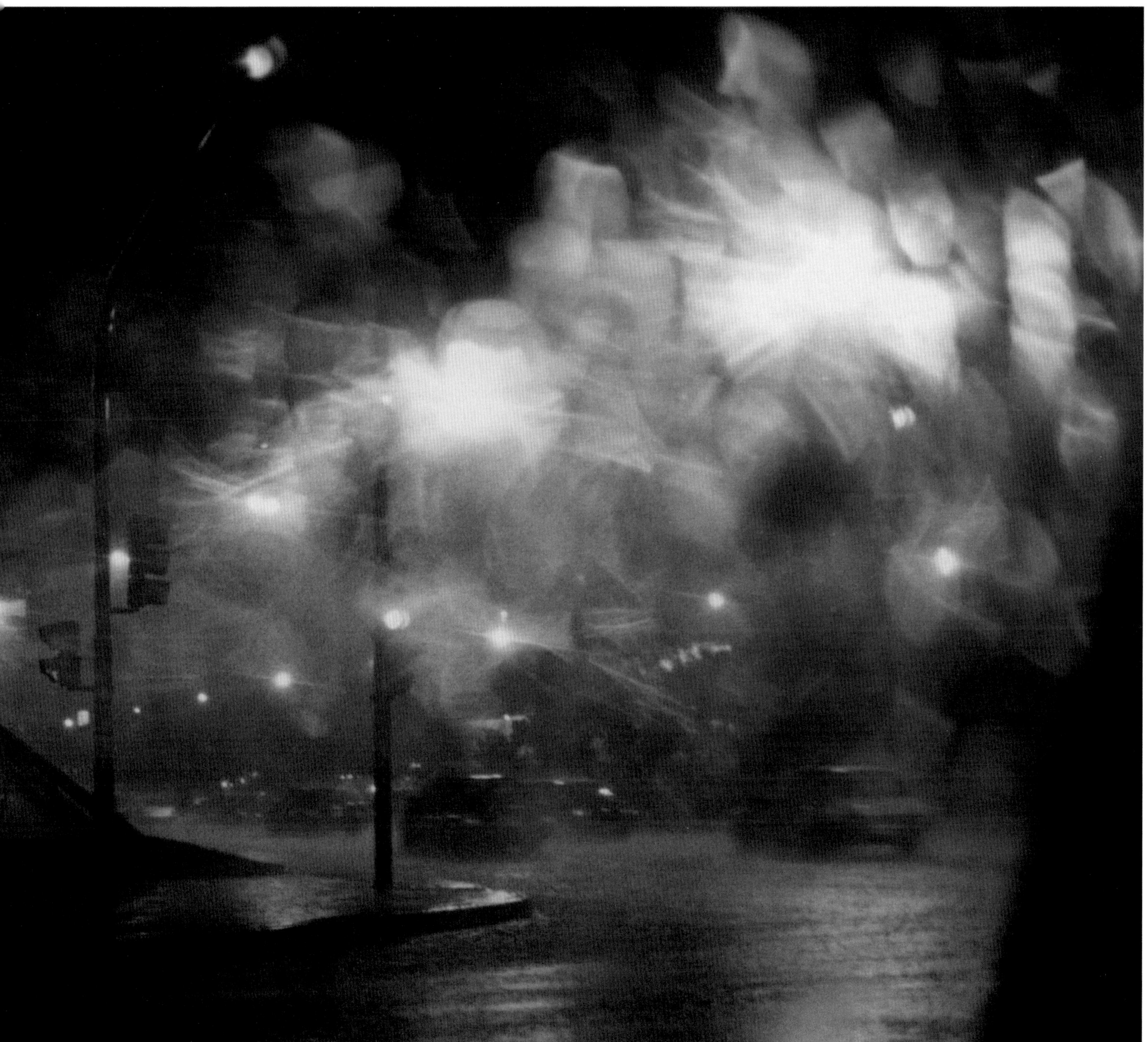

Volver

Yo adivino el parpadeo
de las luces que a lo lejos
van marcando mi retorno.
Son las mismas que alumbraron
con sus pálidos reflejos
hondas horas de dolor.
Y aunque no quise el regreso,
siempre se vuelve al primer amor.
La quieta calle, donde un eco dijo:
"Tuya es su vida, tuyo es su querer",
bajo el burlón mirar de las estrellas
que con indiferencia hoy me ven volver...

Volver
con la frente marchita,
las nieves del tiempo
platearon mi sien...
Sentir
que es un soplo la vida,
que veinte años no es nada,
que febril la mirada
errante en las sombras
te busca y te nombra...
Vivir
con el alma aferrada
a un dulce recuerdo
que lloro otra vez.

Tengo miedo del encuentro
con el pasado que vuelve
a enfrentarse con mi vida;
tengo miedo de las noches
que, pobladas de recuerdos,
encadenan mi soñar...
¡Pero el viajero que huye
tarde o temprano detiene su andar!
Y aunque el olvido, que todo destruye,
haya matado mi vieja ilusión,
guardo escondida una esperanza humilde
que es toda la fortuna de mi corazón.

Letra: **Alfredo Le Pera** Música: **Carlos Gardel**

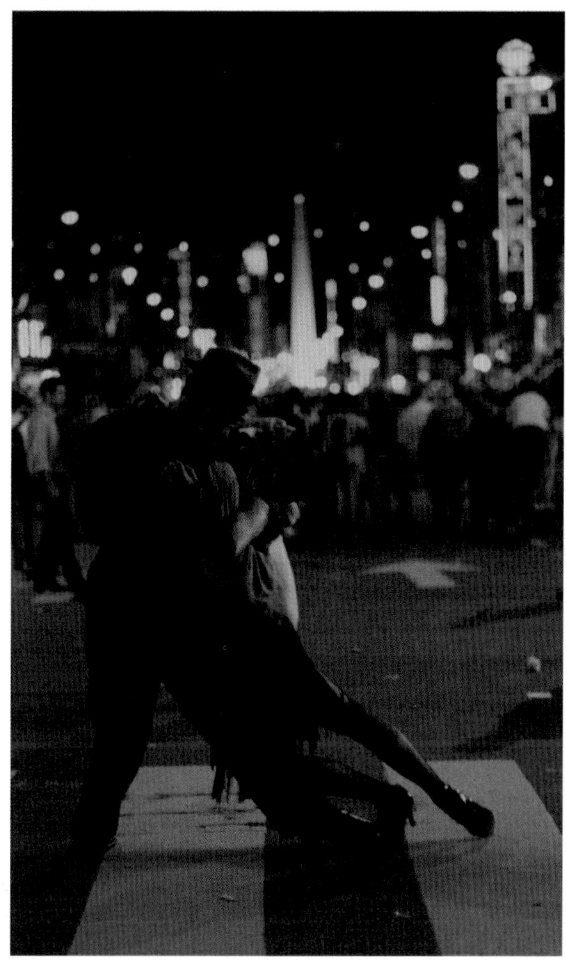

Indice

Fotos

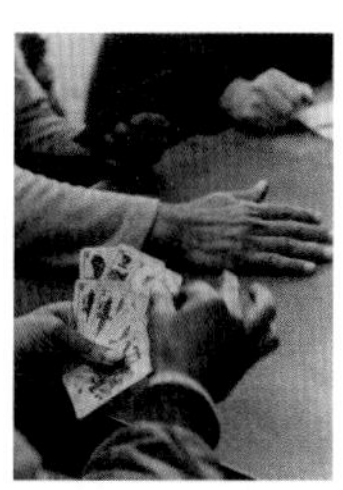

pág. 82
Juego de cartas en la plaza Intendente Casares, en Palermo
Card playing at Intendente Casares Square, in Palermo

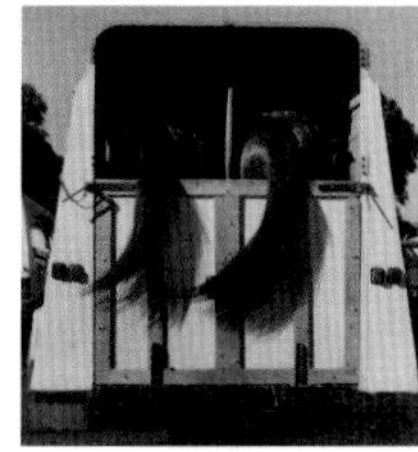

pág. 87
Transporte de caballos de carrera en la Costanera Norte
Race horses transportation in Costanera Norte

Se han respetado los nombres que las calles, bares y plazas tenían en el momento en que fueron tomadas las fotografías.

We have respected the names of the streets, bars and squares at the time they were protographed.

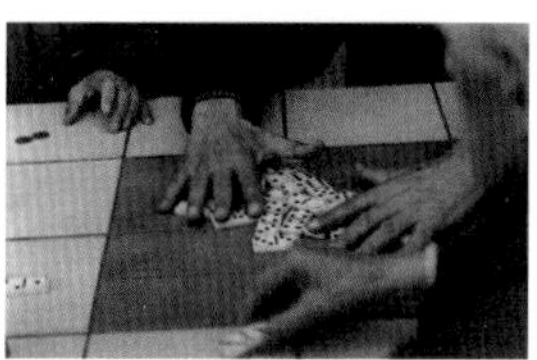

pág. 83
Partida de dominó en la plaza Intendente Casares
Dominos at Intendente Casares Square

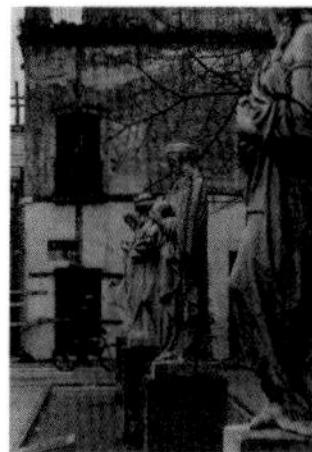

pág. 88
Maniquíes sobre la calle Lavalle en el Abasto
Mannequins on Lavalle Street, in Abasto

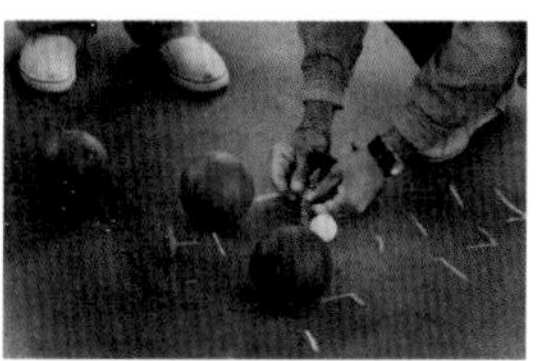

pág.83
Torneo de bochas en la cancha Cabota de la plaza Intendente Casares
Bowling at the Cabota court in Intendente Casares Square

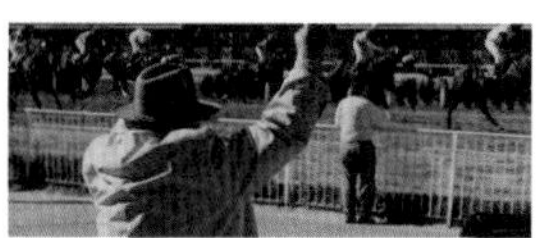

pág. 89
Esculturas de la plazoleta San Francisco en Monserrat
Sculptures at the San Francisco Square, in Monserrat

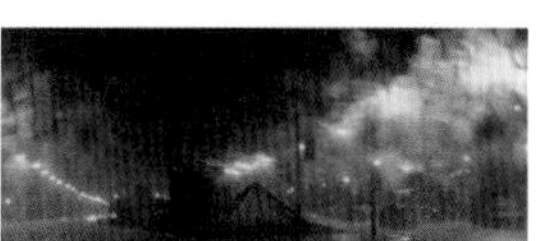

pág. 84
Hipódromo de Palermo
Horse tracks in Palermo

pág. 92
Noche de lluvia sobre la avenida 9 de Julio
Rainy night on 9 de Julio Avenue

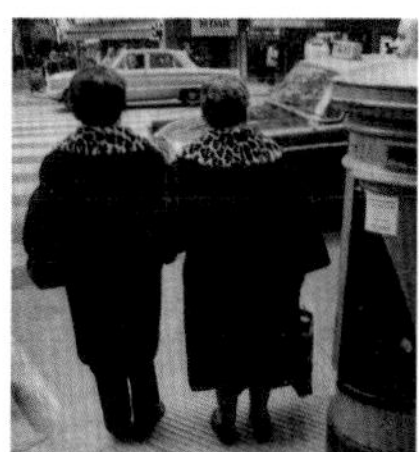

pág. 86
Esquina de Corrientes y San Martín en el microcentro
Corner of Corrientes and San Martín Streets, downtown

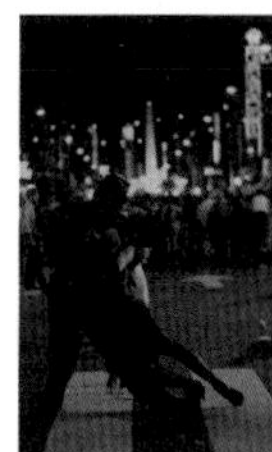

pág. 95
Tango callejero en la avenida Corrientes, en el centro
Street tango on Corrientes Avenue, downtown

Tangos